三年同行录

——广东省吴木琴名园长工作室成果集

闻着花香
沐着阳光
牵手体验多彩的世界

吴木琴　编著

东北师范大学出版社
NORTHEAST NORMAL UNIVERSITY PRESS

**图书在版编目(CIP)数据**

三年同行录：广东省吴木琴名园长工作室成果集 /
吴木琴编著. -- 长春：东北师范大学出版社，2021.8
　ISBN 978-7-5681-8343-7

Ⅰ.①三… Ⅱ.①吴… Ⅲ.①幼儿园-教育工作-文
集　Ⅳ.①G617-53

中国版本图书馆 CIP 数据核字(2021)第 181995 号

---

三年同行录：广东省吴木琴名园长工作室成果集
SANNIAN TONGXING LU　GUANGDONG SHENG WUMUQIN
MINGYUANZHANG GONGZUOSHI CHENGGUOJI

---

**策划编辑**：宿航熙　　　　**责任校对**：袁彦文

**责任编辑**：宿航熙　　　　**责任印刷**：许　冰

东北师范大学出版社出版发行
长春净月经济开发区金宝街 118 号(邮政编码：130117)
销售热线：0431-84568025
传真：0431-85691969
网址：http://www.nenup.com
书香力扬制版
成都兴怡包装装潢有限公司印刷
2021 年 10 月第 1 版
2021 年 10 月第 1 次印刷

幅面尺寸：145 mm×210 mm
印张：10.25　字数：232 千
定价：56.00 元

# 编委会

# 用心浇灌幼苗成长

　　终于有时间阅读《三年同行录——广东省吴木琴名园长工作室成果集》书稿了，拿笔写点序言，但愿能与同行切磋。

　　本书主编是我从事教师培训工作时认识的，我曾跟她一同外出参加过培训，觉得她很沉静，是一个有思想、有情怀的名园长，我见证了她先后成为市级、省级名园长工作室主持人。这本书记录了她带领工作室学员奋进的点点滴滴，蕴含了她和学员辛勤的汗水和智慧。三年里，她们在名园长工作室挥汗奔跑，一起学习、培训、探索、研究、实践；三年后，她们满地繁花，硕果累累；如今，从她一花独放到学员们在各地绽放，工作室的理念全面辐射，幼儿教育的良好途径得以传播……好一次集"教—研—训"一体化的体验，值得推荐、辐射。

　　作为一名学员，如果学会了记录、反思，就是学会了思考人生，学会了面对未来，这是学员成长的声音，是生命拔节的声音。这本由每位学员亲手书写的合集，是工作室学员用写作的方式记载的自己三年来的成长历程，这里面或许有的文章文笔有些稚嫩，但是每一章节都融入了学员的辛勤汗水及心血，每一篇文章都记录了学员的成长，嵌入了许多自然、朴素的味道。

《三年同行录——广东省吴木琴名园长工作室成果集》里有这么一句话："闻着花香，沐着阳光，牵手体验多彩的世界。"这也是工作室的理念。当我看到这句话时，眼前不自觉浮现出了一群笑容灿烂的幼教人牵着一群欢蹦乱跳的小孩在烂漫的花中活动的情景，他们闻着花香，沐着阳光，说笑追逐，自然无邪……老师、幼儿、花海和谐共长。幼儿教育随着时代的发展而发展，幼儿时期培养孩子的良好习惯很重要，让孩子保持那份闻着花香、沐着阳光的纯真快乐也同样重要。让我们牵手学前教育，和孩子们一同体验多彩的世界。

真期望幼教同行都看看吴木琴工作室的《三年同行录——广东省吴木琴名园长工作室成果集》，互相研讨切磋，共同促进，把学前教育办得更好、更有特色，用心浇灌幼苗，收获不悔人生……

茂名市教师发展中心吕达艺

2021 年 7 月 18 日

# 目　录

# 第一章 工作室建设路径

## 第一节 理念先行

### 工作室指导思想

以《广东省中小学名教师、名校（园）长工作室管理办法》为指导，充分发挥幼儿园管理、幼儿保教等方面的指导、示范和辐射作用，形成既有利于园长不断发展，又有利于骨干教师成长的人才工作机制，实现优质教育资源共享，促进保教质量全面提升，以"名园长工作室"为载体，充分发挥名园长的先进模范作用，使工作室团队凝聚力量，积极探索幼儿园发展之路，使"名园长工作室"成为茂名市名园长发展的基地、专家型园长成长的摇篮。

### 工作室基本思路

工作室以"突出主体性，促进自主发展；突出合作性，促进共同发展；突出研究性，实现成果引领"为指导方针；以"闻着花香，沐着阳光，牵手体验多彩的世界"为工作理念；以实践中的问题为研究对象，通过"理论学习""专家引领""考察观摩""交流探讨""课题研究""自主学习"等内容多样、形式丰富的培养方法提高学员的管理水平，促进保教质量的提升。

工作室同时注重帮助学员在办园过程中创建出自己独树一帜的校园文化，形成独具一格的办园风格，创建特色幼儿园和品牌幼儿园，最终成长为具有较高的办园水平和管理领导能力、在本地区有一定影响力的园长，为推动茂名市幼儿园教师整体素质提升、加快教师专业化成长、促进学前教育的均衡发展和城乡教育的协调发展贡献力量。

## 工作室理念

闻着花香

沐着阳光

牵手体验多彩的世界

三句质朴的话，却透出工作室主持人真挚的情感。"闻（W）""沐（M）""牵（Q）"三字首字母与主持人"吴（W）木（M）琴（Q）"三字首字母同音，既意味着工作室由吴木琴园长领衔，亦意味着吴木琴园长与工作室相生相融。

## 工作室 logo 建设

设计含义：logo 采用正负形的手法，正形是形似人或沐浴阳光的树木的图形，意为学员之间共同努力，提高自身的专业素质；而负形采用了花瓣的形状，配色运用了彩色，寓意孩子们的童年生活多姿多彩。整个 logo 契合工作室理念：闻着花香，沐着阳光，牵手体验多彩的世界。

# 第二节　文化引路

## 人员构成

广东省吴木琴名园长工作室由六部分人员组成，一是挂牌园长，即工作室主持人，其负责主持工作室的全面工作，是工作室的责任人；二是高校专家，由广东省中小学教师发展中心会同岭南师范学院选派；三是技术专家，由茂名市教育局选派；四是助手，由挂牌园长所在幼儿园配 2 名兼职助手，助手的产生由挂牌园长推荐，报广东省教育厅备案；五是 5 名入室学员，由茂名市教育局组织申报、遴选和分派；六是网络学员，由工作室在全省范围内遴选。

# 人员简介

**工作室主持人**

吴木琴，中共党员，幼儿园高级教师，本科学历，现任茂名市第二幼儿园园长，是广东省名园长工作室主持人、茂名市园长工作室主持人。曾被评为广东省特级教师、广东省南粤优秀幼儿教师、茂名市名校长；2015年被遴选为广东省新一轮"百千万人才培养工程"第二批小学名校长、幼儿园名园长培养对象；多次参加市级、市直机关演讲比赛荣获一等奖；多篇论文获得省、市级奖励并在省、市级刊物上发表；多个课例获得省、市级优秀课例奖；课题"挖掘年例资源，开发园本课程"和"积极心理学背景下的幼儿养成教育研究"分别荣获广东省中小学教育创新成果二、三等奖；曾被聘任为广东省一级幼儿园评估专家、广东教育学会学前专业委员会理事、茂名市首届市督学、茂名市幼儿教育骨干教师、茂名市教育学学前专业委员会支教讲师团成员、茂名市教育学会学前教育专业委员会理事长和秘书长等。

**工作室入室学员**

潘颖，1981年3月出生，中共党员，汉语言文学专业本科毕业，幼儿园高级教师。2003年大学毕业，进入高州市泗水第一中学任教；2007年调入高州市长坡中学任副校长；2014年调入高州市第七中学任副校长。曾分管学校安全、德育、工会、体卫、女生工作，工作踏实积极，大胆创新。曾获高州市岗位女能手、女职工先进工作者、优秀教师、教坛新秀、师德师风建  设先进个人、教师职业道德建设先进个人、优秀工会干部、优秀德育工作者等称号。擅长写作、演讲、主持。

张萍，女，1979年出生，中共党员，大专学历，幼儿园高级教师，现任信宜市教育城幼儿园园长。2013年成为广东省教育厅首批名园长李丽英工作室的学员；2018年成为广东省吴木琴名园长工作室的学员；是茂名市教育学会学前教育专业委员会支教讲师团成员、信宜市学前教育研究组成员、茂名市  幼儿教育骨干教师；曾获茂名市中小学教坛新秀、"三八"红旗手、信宜市优秀教师、师德先进个人等多个荣誉称号；参与的多个课题获省级结项和教育创新成果奖；撰写的多篇论文获省、茂名市论文评选一等奖,并在国家级刊物上刊登。

陈华,高州市根子镇中心幼儿园园长,毕业于高州师范学校,本科学历,茂名市第十二届人大代表。2012年来到根子中心幼儿园担任园长职位,从事幼教工作6年。在6年的教育教学管理工作中,一直本着"本真、向善、唯美、让爱成就未来"的办园理念,善于反思,乐于实践,致力于教师教育理念的更新、教学方法的创新,引领着自己的团队不断地壮大起来,园所规模由一个园变成两个园,幼儿人数由180多人增加到1000多人。

李雪,女,出生于1971年3月,大专学历,2010年2月被聘任为茂名市茂南区高山镇中心幼儿园园长。任职以来,一直秉承"爱满天下,乐育英才"的办园理念,实行精细化管理。其间,个人荣誉有:2014年被评为茂名市茂南区德育先进个人、茂名市茂南区优秀校长;2015、2017年连续两届被茂名市茂南区人民政府聘

为茂南区督学员；2018年被评为茂名市茂南区优秀园长。

陈红戈，女，信宜市幼儿园园长，党支部书记。1990年参加工作，担任园长15年。曾被评为广东省南粤优秀幼儿教师，获广东省"全国幼儿美术园丁之星百佳园长"、茂名市优秀校长、茂名市优秀教师、信宜市优秀教育工作者、优秀党支部书记、师德先进个人、"巾帼育人创新业"先进个人、优秀共产党员、先进妇女干部、优秀工会积极分子、先进女职工工作者等称号；多幅书画作品获茂名市、信宜市书画创作大赛书法、美术二等奖、优秀奖。

## 工作室及人员职责

### （一）名园长工作室职责

1. 承担学员的培训和指导工作。通过培养，提升学员的政治素养、师德修养、领导能力，端正其工作作风，拓宽其教育视野，提高其教育管理和创新能力，使其学员的办学理念更加系统化、规范化，使其幼儿园办学更加优质、更具特色。

2. 搭建深度学习研修平台。以管理困惑为导向，以课题研究为抓手，开展形式丰富的学习活动，建立完善的学习管理制度，帮助学员在周期内开展深度学习研修，让学员在理论知识、管理实践等方面得到全面进步。

3. 发挥引领示范作用。以研讨会、报告会、名园长论坛、公开教学、现场指导等形式，每年承担至少一次面向城乡的帮扶活动，为共享教育教学优质资源，促进城乡学前教育发展发挥工作室的示范辐射作用。

4. 完成教育主管部门交予的其他工作任务。

**（二）名园长工作室组成人员职责**

1. 主持人职责。

（1）制定学员周期培养目标和工作室年度工作计划，建立工作室工作制度；

（2）对学员、助手进行考核，建立工作室学员成长档案；

（3）以师带徒的形式，传授教育教学管理经验，指导学员开展课题研究，进行教育教学改革探索，对学员所在幼儿园工作进行指导；

（4）承担有关幼儿园管理、园长培训、骨干教师培养等接待示范活动；

（5）积极组织、聚集茂名市优秀园长集中研修，共同进步；

（6）在广东省教育厅建立的网络交流平台上，做好本工作室的网页建设，上传教学资源和学员成果分享资料，开展线上主题论坛、教学研讨、理论学习等活动，使网络平台成为名园长工作室的动态工作站、成果辐射源和资源生成站；

（7）接受主管部门的指导、检查、评估，向主管部门汇报工作，做出书面总结；

（8）按照专款专用的原则，负责工作室资金的使用和管理，并接受上级部门审计。

2. 助手职责。

在工作室主持人的直接领导下，完成主持人分配的各项任务，起组织、协调作用。

3. 学员职责。

（1）依据个人实际，确立自身发展目标，制定周期内个人成长规划及课题研究项目。

（2）虚心接受主持人的指导，完成主持人安排的学习和研究任务。周期期满时，完成个人学习日志、学习总结、专业成长总结、课题研究、幼儿园特色发展管理等材料，并形成文字汇报。

（3）在主持人的指导下，认真总结管理方法、管理经验、管理模式，剖析本人所在幼儿园存在的主要问题，结合工作室园所诊断活动，探索问题的解决办法及实施方案。

（4）充分发挥辐射带动作用，积极组织、参与同行接待、送教下乡、经验分享等活动，在分享中提升，在交流中成长，为茂名市学前教育的发展而努力。

## 工作室目标

1. 凝练一种团队文化。在工作室中营造积极向上、携手共进的文化氛围，与工作室"闻着花香，沐着阳光，携手体验多彩的世界"的理念相呼应，我们用"花香常漫，阳光满室"的精神氛围唤醒责任与担当，帮助学员在"同心同力同向前，共进共勉共成长"的文化平台中不断发展。

2. 展现一种个人风采。以工作室为载体，构建学习研修共同体，促进工作室学员共同提高，为工作室学员搭建展示风采的平台，使工作室学员在主持课题、讲座、送教下乡等活动中实现个人的魅力展现。

3. 帮扶一批幼儿园。工作室入室学员至少与县区 2 个薄弱幼儿园结对，以广东省吴木琴工作室的名义开展园所诊断、送教下乡等活动，充分发挥工作室的示范引领作用，以强带弱，相互协作，切实缩小茂名地区薄弱幼儿园与先进幼儿园之间的教育差距，推动地区园所间的均衡发展。

4. 梳理一些实践成果。从课题研究、办园特色、学习心得、优秀论文等材料中提炼一批教育实践成果，使其成为工作室的工作成果，用于园所间的交流和推广。

5. 造就一支专家队伍。在理论学习中深化实践能力，在实践体会中提升理论素养，以"理论+实践"的培养机制，逐步实现学员理论知识的增长和实践管理能力的提升，实现入室学员由实践型向专家型转变，打造一支专业化的名园长专家团队。

# 第三节 制度保稳

## 工作室规章制度

(一) 学习制度

1. 有团队合作意识和集体荣誉感，充分发挥个人优势，有效整合资源，团结协作，互动交流，共同努力完成工作室工作。

2. 主持人带动，成员积极响应，共同创设学习平台，营造积极、宽松的研讨学习氛围。

3. 认真做好"传帮带"工作，发挥入室学员的骨干、引领作用，促进共同提高。

4. 积极参加工作室组织的活动，学员间积极参与商议，拓展思维，创新形式，体现集体智慧。

5. 主动与上级领导、工作室学员所在的幼儿园联系，实现多方联动。

（二）成长制度

1. 通过专家讲座、读书分享等形式提高学员的理论素养，促进学习型、研究型、创新型名师、名园长队伍的形成。

2. 通过跟岗学习、沙龙研讨、实践研究、分享交流、观摩名园等形式，促进学员在实践中不断反思、不断成长。

3. 学员所在幼儿园优先安排培训项目，学员优先承担工作室各类教学示范、管理经验分享等工作。

（三）会议制度

1. 每学期至少召开一次面对面工作室计划会议，讨论每学期工作室计划，确定工作室成员的阶段工作目标以及工作室的教育科研课题及专题讲座、考察观摩等内容。

2. 每学期召开一次面对面工作室总结会议，由学员分享本学期幼儿园管理、个人成长等方面的成果，吸取成功的经验，探讨存在的问题。

3. 每学期至少安排两次阶段性工作情况汇报会议，了解各项活动的实施情况，解决实施过程中的难点问题。

4. 根据工作室工作安排，随时召开线上会议，针对急需解决的问题进行商讨。

（四）考勤制度

1. 按时参加工作室组织的专题培训、参观考察、研讨活动，不迟到，不早退，不无故缺席。若有特殊情况，须以书面形式提出请假要求。

2. 每年按要求进行网络学习，并进行记录。

3. 考勤缺席超过百分之三的学员免去"推优"资格，考勤缺席超过百分之五的学员考核结果为不合格。

（五）档案管理制度

1. 工作室成员将个人基本信息、三年成长规划、培训记录、跟岗日志、开展课题研究的计划、读书笔记等材料作为个人成长档案资源。

2. 定期组织学员整理个人成长档案。

3. 做好工作室活动记录，收集图片、视频资料，制作简报，按时交由主持人助手存档。

（六）考核制度

1. 工作室由市教育局会同省教师发展中心进行考核，考核结果报送省教育厅备案。工作室主持人由省教育厅统筹开展周期考核，工作室成员由工作室会同岭南师范学院进行考核。考核结果分为优秀、合格和不合格。

2. 主持人的考核内容主要包括培养计划、培养成果、个人成果、学员评价和上级行政部门评价等；成员的考核内容主要有学习计划、学习状况、学习成果、主持人评价、园内教师评价和当地教育行政部门评价等。

3. 工作室主持人每学年承担举办相应培训讲座、开展课题研究、送教下乡等工作。

4. 工作室成员每学年要完成研修学习、管理反思、教育案例分析、论文发表等任务。工作室的所有成员共同维护网站，共同充实网站，及时上传教学反思、读书笔记、跟岗日志、论文等。

（七）经费管理制度

1. 合理安排工作室经费，制订预算方案，经费使用做到专款专用，接受有关部门监督管理。

2. 经费主要用于网站建设、工作室设施建设、资料和书籍的添置、课题研究、聘请专家讲座和指导，以及参观考察、成员集中研修食宿等。

# 第二章　工作室同行路径

## 第一节　以"理"促素养

　　围绕幼儿园管理、教育教学专业理论知识、工作室课题研究主题，在主持人的引领下，每学期制订读书计划，并每学期以"读书沙龙"的形式举行读书分享会，博采众长。通过专业理论书籍的阅读，提升学员的专业素养，养成"每日读书，每日一省，每日有收获"的习惯，帮助工作室的园长们向专家型园长发展。

### 学员读书笔记

#### 信仰的力量
##### ——读《李大钊传》有感
**高州市根子镇中心幼儿园　陈华**

　　雨果说，只有信仰才让思想发出火花，只有希望才让未来发出光芒。什么是信仰？信仰是什么？有人说，信仰是一种精神寄托，在你无助的时候给你力量，在你成功的时候让你骄傲，在你茫然的时候为你指明方向，在你挫败的时候让你坚强。信仰就真的仅仅是心灵的产物，是精神的寄托吗？

不久前，在某种机缘巧合下，我读了《李大钊传》这本书。全书系统阐述了李大钊同志光辉而短暂的一生：包括他的少年时代的改名、求学，到后来成为革命民主主义者。为了寻求救国道路，他成为中国最早的马克思主义者，成为五四运动领导者之一，成为中国共产党的创始人之一。该书还介绍了李大钊同志联合陈独秀如何开展新文化运动，如何启蒙民众思想，如何领导北方工人运动，如何促进了革命统一战线的建立。他做到了"铁肩担道义，妙手著文章"，他在家中疾书，在街头演说，为了宣传马克思主义，"勇往奋进共赴之""瘅精瘁力以成之"，狱中的李大钊，大义凛然，浩气长虹，真正做到了"断头流血以从之"。

在书中里，我看到了一个真正的呐喊者。为了唤醒麻木不仁的民众，为了挽救百孔千疮的国家，在多少个不眠的夜晚，在多少个忘记吃饭的白昼，他深研苦学，提笔疾书，甚至抛弃文凭，放弃舒适的生活。在学堂，在街头，在工厂……在有中国人的地方，处处都有他慷慨激昂演说的身影，处处都有他印刷出来的宣言。他的文字、他的声音就像破晓的鸡鸣，冲破了黎明前的黑暗，让人看到了一丝丝即将到来的光芒。

在书中我看到了一个真正的勇士，一个真正的革命者。五四运动，你冲锋在前，高举旗帜，毫不退缩。你与青年学生、工人阶级一起，进行了中国第一次彻底的反帝反封建的革命运动。从此，使一些具有初步共产主义思想的知识分子开始走上了将马克思主义同工人运动相结合的道路，把马克思主义传播到工人中去，开拓了中国新民主主义革命的开端，促成了中国共产党的成立！这就是开天辟地的革命，敢为人先的精神！

后来，你不幸被捕了。书中没有过多描述那弥漫着血腥、腐臭与肮脏的非人的监狱的悲惨景象。只有那短短的一句话告诉人们，你被钉了竹签子。十指连心的疼痛，一定是世间最残忍的疼痛，怎可以用肉体之躯去承受？可你却一句话也没说。工人阶级罢工，准备组织武装来解救你了，你知道后，却拒绝了！帝国主义与北洋军阀在你的不屈与凛然中愤怒了，他们决定毁掉你，他们要用残酷的绞刑，毁掉这个为了美好未来而不懈奋斗的你。

可是你毫不惧怕，你要求第一个行刑。面对绞刑架，你看到的不是死亡，你看到的是新生！我知道你一定是希望通过你的牺牲能换来更多的觉醒，能换来更多的勇士，能换来更加轰轰烈烈的革命！我想起了你说的：我李大钊愿意当这个急先锋，九死而不悔！虽千万人吾往矣！

一个人要有何等的信念与信仰，才能置生死于不顾，才能将世间的一切嗔念置于脑后。越是成年后我才越觉得这精神的可贵！即便知道这条路铺满荆棘，即便知道会付出家破人亡的代价，又即便不知道还要坚持多久才能看到胜利，可仍将国家、民族的命运扛在肩上！可恰恰就因为这些知道和不知道，才更显得可贵与伟大！

他们相信，将来的环球是赤旗的世界！敌人只能砍下李大钊等人的头颅，决不能动摇他们的信仰！那信仰的力量到底是什么？什么才是信仰？热爱自己的祖国，报效自己的祖国，为祖国、为人民的幸福愿意奋斗终生！这不是李大钊的信仰吗？这不正是我们共产党员的初心和使命吗？

司马迁说，人固有一死，或重于泰山，或轻于鸿毛！为自己的信仰而牺牲的就重于泰山，就永存天地间！

## 细节决定成败

### ——读汪中求《细节决定成败》有感

**信宜市教育城幼儿园　张萍**

读书使人进步，读书使人明智。平时无论多忙，我都会抽出一些时间来读读书。静静的品读时光能令我的心情无比平静，读书后的一些感悟常常会给我的工作带来一些启迪，其中给我工作带来最深启迪与感悟的是汪中求编写的《细节决定成败》。虽然书中阐述的工作行业与教师职业不同，但道理是相通的。作者在该书中以大量案例论述了细节在管理中的重要性，提示企业乃至社会各界：精细化管理时代已经到来。

全书以大量的正反实例和至理名言为证，为读者展现了现实生活中和工作中易被忽视而又十分重要的点点滴滴，使我阅读后感触颇深，也使我对自身工作进行了深刻思考，对如何做好幼儿园的管理工作有了更深的领悟。芸芸众生中能做大事的人实在太少，多数人的多数情况是只能做一些具体的事、琐碎的事、单调的事，也许过于平淡，但这就是工作、是生活，是成就大事的不可缺少的基础。

### 一、学校日常工作是小事，亦是大事

教师这个职业是注定一辈子做"小事"的，但教师是伟大的，被人们称为辛勤的园丁。就在我们天天做着这些看似平凡的小事的过程中，我们的学生形成了他们的思想，养成了他们的行为习惯，成就了社会的发展，成就了祖国的未来。所以，在我们的教育工作中，虽然每一件事都是些微不足道的小事，然而看似简单的小事，对孩子一生的发展都会有极大的影响，因此我们每一位教师更要注意自己的一言一行，它会影响很多孩子的未来。

在我们的学校管理中，在我们教职工的工作中，我不力求大

家要怎样干一番大事，而是要力争做好每一件小事，因此，我在我们幼儿园提出了"抓精细化管理，打造精品幼儿园"的口号。一所幼儿园能否可持续发展，成为精品幼儿园，关键在于幼儿园是否具有精细化、高水平的管理。近年来教育城幼儿园本着阳光育人、和谐发展的办学理念，牢记建设阳光乐园、打造阳光团队、培养阳光幼儿的办学目标，在培养阳光教师和培养阳光幼儿方面就是用上了"精细化管理"的方法。

**二、教师管理精细化，是实施精细化育人的关键**

在教师管理中，我园在摸索一套"制度管理"与"情感管理"相结合的"适度规范"管理模式，在管理中渗透一种"以人为本"的管理精神，适时为教师打开一扇透射阳光的窗，充分挖掘教师的潜能，让她们有机会创造辉煌。第一方面，幼儿园重视给教师的心灵加油，通过各种培训引导教师努力成为"厚德尚行"的人。第二方面，我们注重组建合作奉献的团队。阳光团队以"团结合作、乐于奉献"为主旨，经常开展向身边的先进学习的活动，引导教师发现、展示、学习身边人的先进事迹，倡导教师在付出的同时自己也能收获和提升。第三方面，我们着力打造教育科研强队。园本教研是科研兴园的基石，我园实施园长一把手工程，园长首先树立科研强园意识，建立教育科研组织，以解决教育教学中生成的问题为基点，构建"幼儿园—学科领域组"的教研网络，形成了"全园总课题—级课题—教师子课题"的三级教研课题链。另外围绕科研兴园，每学期我们开展"6个1工程"：即每位教师阅读一本教育科研论著，参与一项实用的教育科研课题，撰写一篇与实际工作相关的教育科研论文，设计一节有创意的课堂教学案例，制作一种有实用意义的教学玩具；幼儿园举行一场教师专业知识竞赛。通过这样的方式促进教师的专业化发展，通过这样精细化的管理逐渐提高教师的专业知识、教育科研能力、教育教学能力等。只有整体教师的素质提高了，才能更好、更精细化地培养好幼儿。

### 三、培养幼儿精细化，为幼儿一生奠基

我园的特色教育定位是：阳光文化。幼儿园通过开展体验式、身边化、生活化的阳光课程，以吸引幼儿的主动参与为着力点，优化各领域教学，把幼儿教育的目标、内容、要求、任务隐藏并融于各种游戏之中，让幼儿动手动脑，充分调动幼儿的主动性、积极性，使幼儿学得生动、主动、活泼、轻松，最终培养他们成为性格活泼、自主自强、阳光自信的一代新人。本园构建精细化阳光课程，为精细化育人提供条件。阳光课程体系是以五大领域为主线，加以园本特色主题教育、STEAM 课程研究融合，促进幼儿全面发展。第一方面，健康教育精细化，培养阳光幼儿。我们幼儿园始终把健康教育作为工作中的重点，依托我们的资源，以《3—6 岁儿童学习与发展指南》为依据，结合幼儿的发展水平开展一系列健康主题活动。第二方面，阳光体育教学精细化。本园的特色是"阳光体育"，我园秉承"健康是一种责任，运动是一种习惯"的教育理念，围绕健康第一的教育思想，改革了幼儿园体育活动模式，做到健体、塑美、励德、辅智。我们通过制定阳光体育活动目标，营造丰富多彩的活动环境，开展阳光体育第二课堂活动，开展一班一特色体育活动，创设快乐晨间操，开展专项体能训练，将阳光体育与民间游戏结合，实行阳光体育教学精细化，促进幼儿健康发展。第三方面，我们开展专项活动精细化，促进幼儿全面发展。幼儿园组织丰富多彩的节日活动：元宵节活动、全国爱耳日宣讲活动、三八妇女节活动、庆六一活动、毕业典礼活动、开学典礼活动、幼儿技能大赛、元旦亲

子运动会等。通过这些活动增强幼儿的坚持性、责任心和集体荣誉感，促进幼儿各项能力的提高。

## 四、结束语

小事不可小看，细节彰显魅力。古语亦有云："天下大事，必作于细；天下难事，必成于易。"实践也证明，只要我们以精心的工作态度、精细的管理过程去做事，就能达到做成精品的目标。让我们把握生命中的每一个细节，把小事做细、把小事做好，努力体现自身工作和生活中的细节之美，只有大家都从细节做起，扎扎实实干好上级交给我们的每一个任务，把它干到极致，才能有更大的发展与成功！

## 《云淡风轻》读后感

**高州市第一幼儿园　潘颖**

自从 2017 年踏入幼教行业，应彩云这个名字就时时回荡在我的耳边。我们学校的老师上公开课时喜欢拿她的课来上，尤其是那些非常优秀的绘本教学。我曾经在网上搜索过她的绘本教学活动，也感叹她随机语言的美好与优美，我渐渐对她这个人产生了探究的兴趣，当我在自己职业发展的计划中制订了"主攻一个专题，精研一个名家，翻烂一本经典"的目标时，我开始有意识地关注和应彩云有关的内容，关注了她的博客，并且看了她的这本《云淡风轻》，在她的文字中我似乎找到了一个特级教师的成长心路历程，也似乎找到了她能够成为名家的原因。

她是一个爱阅读的人。

这本书我忍不住看了 2 遍，有些段落我甚至忍不住看了 3—4遍，一如她这本书的书名，我深深为她云淡风轻的文字折服。

这本书共分为 4 部分："教育感悟""教学心思""教师成

长""教学案例"。在"教师成长"这一节中有一篇《我的书香生活》，她写道："看书有那么沉重吗？如同大家喜欢打牌，我喜欢阅读。""旅途是阅读的好机会；茶余饭后是读书的好时间；睡前也是阅读的好时机。""我看的书大多以作者为核心来寻觅，我喜欢的作家有余秋雨、刘墉、当年明月、陈丹青、朱家雄、于丹等。""我对时尚的作者也很感兴趣，韩寒、渡边淳一、曹启泰等人的书，我都会拿来读一读。"这些文字表达出她是一个将阅读融入了自己的生活的人，阅读是她个人的一种休闲放松的方式，任何空余的时间都成为她阅读的好时机。她选择书籍的方式和我不一样，我是通过自己的需要来选择，如：叙事者中推荐的书、工作中需要的书，似乎专业的书籍过多，当然通过关注某一个名家来进行阅读也是一种好的阅读方式，可以进行借鉴。

她也谈到她自己日常时间的分配：忙的时候大概五分之一的时间用于阅读，不是太忙的时候三分之二甚至全部时间都用在阅读上。想想自己虽然阅读的时间在增加，但是似乎做不到如斯的热爱程度，也许是自己选择的书太多局限在教育类上，自己太累或者心情不太好的时候，就不能静下心来阅读，转而投向电影、电视剧的怀抱，如果可以适当地改变一下书的内容，我定能将阅读进行到底。

"在与书相伴的成长过程中，我怀着对书的情谊，开始写自己的书。"由此可见她的写作也是来源于她的阅读。

她是一个爱写作的人。

在文中她写道："写作其实是我生活的一部分，我将生活和工作的感悟及时记录下来，日积月累，就成就了这本书，可以说是水到渠成的事，并不十分辛苦。"我是汉语言文学专业出身，寒假到来时，我也将写作的想法付诸行动，这让我的寒假生活有了从未有过的充实和踏实，因为过一段时间来看我的这个时间是有痕迹的，是有思考的。我因为写作变得幸福而踏实。

"泡一杯咖啡或泡一壶清茶，在或馥郁或清淡的香氛中，恣肆思绪、回味经历，用文字记录心路，是我每天最享受的时刻。让我拾取生活的乐趣，沉淀岁月的峥嵘。于是，今天的文字留住易逝的岁月；于是，留住岁月的文字，成了难以磨灭的记忆；于是，日积月累的记忆，成了我丰厚的财富；于是，我也就有了一个习惯：每天都要记下经历，写下心情。"应老师的这段文字，让我的眼前浮现出了一个很美的画面，原来写作是如此美好，这让我的内心更加向往用写作记录生活、工作的方式，能够将自己的所思所感、所见所闻变成文字，这将是一件多么美好的事情，这和我们从小害怕的写作文是一种截然不同的感受，我知道我已经开始向往这种生活了，这将是有别于肤浅的电视剧的更高级的感受，这是让心灵成长的美好方式。

她是一个爱运动的人。

"幸福生活的体验是以健康为前提的，所以我们要好好地保重自己的身体，为自己也为周围的人，值得庆幸的是，我有良好的运动习惯，每天晨跑，似乎激活了我身体里的细胞，让我一整天精力充沛，精神饱满，所以我较少有累得失去理智的时候。当然，保持健康和精力的方式有很多，赶快去寻找适合自己的方式，并且持之以恒地实践，不要中途放弃。"

由此可见，应老师的生活方式一定是健康的、自律的，这样保证了她能够有充沛的精力去做自己喜欢做的事情。纵观一些大人物，不管是商业巨子、影视明星还是政界领导人，他们每天的作息中都会有一项自己爱好的运动，相信是良好的运动习惯造就了他们自律的人生和充沛的体力、精力。许多的调查报告显示，许多的政界领导人曾经都是职业或业余运动员，运动造就了人坚强的意志力，这是一个人成功的重要因素。

我也决定像她一样将运动进行到底，每天保证有 1 个小时的运动时间，我将挑战跑步这样的运动，相信这样的运动能够磨炼我的意志，强健我的体魄，让我能够有更多的精力去面对生活和工作。

她是一个爱生活的人。

从文字中可以看出，应老师热爱音乐、电影、旅游还有话剧，甚至会去看各种偶像团体的演唱会。这位特级教师不是我们传统中认为的那样一位古板的老学究形象，而是一个有着无限热情，并且很时尚的老师。

后面这段话应该说很好地体现了应老师的想法："有位爱惜我的园长曾经对我说：应彩云呀，如果把生活中令你兴奋的心思全用在幼教事业上，你会更有成就。当时我心里嘀咕：我才不要呢！因为我不快乐，我的'花朵'不可能快乐；我不幸福，我周围的人也不可能幸福。月亮，是用来迂缓烈日的灼热；夜晚，是用来平复白天的聒噪。"拥有丰富爱好的人，比较容易在自我的生活中调整各种心态，从而保持美好的心境。热爱生活的她也从自己热爱的生活中吸取了很多营养，让工作变得得心应手，也成就了现在的应彩云，我想这就是她不愿意百分百投入到工作中的原因吧，我相信这就是应老师保持工作与生活的平衡的方法吧。

她是一个爱工作的人。

应老师说："有人问：你的教学设计为何至今还能高产？我想，是因为嗷嗷待哺的孩子不可能等待我们许久'磨'一课，生机勃勃的孩子激发着我无限的创造力。有人问：你为何不多做讲座却坚持亲自带班上课？我想是因为没有感性的'厚积'便很难有属于自己的理性的'薄发'，走进课堂能够永远激发我们的好奇心和想象力。"

从应老师的"高产"和"亲自带班上课"这两点就可以看出，应老师是一位很接地气的特级教师，所以她的教学活动在一线的幼师中是如此受推崇，这也是一线老师们对应老师脚踏实地工作的一种崇敬方式。

我是一个工作了18年的教育从业者，经历了从中学到幼儿园管理岗位的变动，每当有人问我你在哪个学校工作的时候，我说幼儿园，他们的表情似乎就有了很多微妙的变化，看到他们的反应，我为我们辛苦工作在幼教一线的教师们感到不甘，很多人甚至很多的影视剧中将幼师形容成幼儿园阿姨，他们就将幼师划出了老师的行列，可是我们承担的许多工作的确是老师的工作，上课、说课、写各种计划和总结等等，除此之外还要具备吹拉弹唱等基本功。当我踏上幼儿园管理的岗位，我开始思考如何指导教师们建立自己的职业规划，也许，她们到退休就是一位一线教师，但是应老师的经历却给了我很大的启发，当幼师也可以成为一位专业性很强的幼师，也可以成为名家，应彩云老师就是个很好的例子，我们的老师也可以朝这个方向努力。

我愿意和我的老师们一起将这个希望的种子在心中种下，做到比以前更强大、更自律、更有希望，而且也更加热爱我们现在的工作，感谢应老师带给我们前行的力量。

## 《幼儿教育学》读后感

高山镇中心幼儿园　李雪

我认为《幼儿教育学》这本书非常值得幼儿教师一遍遍去翻阅学习，因为书中蕴藏着一套成熟、完整的幼儿教育体系，对于幼儿教师的教学工作具有深刻的指导意义。

书的绪论已明确提到幼儿教育学是与我们日常生活息息相关的一门科学，我们可以从日常生活场景去领悟幼儿教育理论的真谛。我们可以在日常教学过程中，留心与幼儿的教学互动，不断总结每天的教学方法，去感受幼儿的学习兴趣和关注点，不断反思，不断总结，积累经验，提升自己的教学水平。

其实要想做好幼儿教育，首先我们需要明确什么是幼儿教育，这里牵涉到人的年龄阶段划分和教育对象的阶段划分问题。人一生按年龄可分为若干阶段，如婴儿期（0—1岁）、幼儿期（1—6岁）、儿童期（7—14岁）、少年期（13—19岁）、青年期（20—39岁）、中年期（40—59岁）、老年期（60岁以上），等等。不同的年龄阶段有不同的特征和不同的需要，因此教育必须分阶段进行。幼儿教育主要指的是对3—6岁的幼儿所实施的教育，幼儿教育是学前教育或者早期教育的后半阶段，前面与0—3岁的婴儿教育衔接，后面与初等教育衔接，是一个人接受教育重要而特殊的阶段。"重要"指的是它是一个人发展的奠基时期，许多重要能力、个性品质在这个时期形成基本特点；"特殊"指的是这个阶段是儿童身心发展从最初的不定型到基本定型，转而可以开始按社会需求来学习并获得发展的过渡时期。

我国幼儿园教育的目标是对幼儿实施"德、智、体、美、劳"全面发展的教育，促进其身心和谐发展，尤其注重培养幼儿的创新意识。由于人的语言表述和思维是同步进行的，人在说话时能激励自己的思维进入高速、高效运作的状态，因此不少具有创新的想法就是在说话、交流的过程中萌发出来的。因此，在幼儿园科学教育活动中，教师注重与幼儿的交流，引导幼儿在用语言描述时做到言之有物，有内涵，有思想，有观点，有想法，有感受。另外，在科学教育活动中注重为幼儿提供动手操作的机会，有利于他们养成独立思考、创造性解决问题的习惯。

每个年龄段的孩子身心发育状况都不一样。现在，在我们小城市和农村地区，普遍存在着"拔苗助长"的现象。心理学家埃里克森认为，孩子在三四岁时，这一阶段的主要发展任务是获得自主感，克服羞耻感，良好的人格特征是意志品质。可是很多家长为了让孩子赢在起跑线上，坚信学得早是真理，早早给孩子安排各种技能拓展课程，孩子的童年都被超前的学习任务占据，如果家长不改变教育观念，就会耽误了培养孩子各种好的品质和良好行为习惯的最佳时期。但我相信，随着国家教育主管部门对学前教育的重视，让孩子们健康、自由、快乐成长的科学的教育观，很快就会被家长们接受。

深入学习了这本书之后，我收获了很多，在以后的教育工作中我会慢慢把我所学的理论知识应用于教育活动实践中，在教育教学活动中，以幼儿为主体，尊重幼儿，保护幼儿的自尊。并且，我会向家长传播先进科学的教育观，号召家长和我们一起共同为幼儿创建更好的教育环境。

# 第二节　以"研"促专业

课题研究是实现专业成长的最有效途径之一。在工作室的五个骨干成员中，成员所管理的幼儿园在工作室主持人的指导下，深入结合园本实际，以课题研究为契机，推动幼儿园特色发展，逐步明确了办园方向，形成了"中国传统二十四节气""阳光体育""幼儿美术教育创新性实践"等办园特色，成为各县的特色示范园。通过课题的研究进一步提高研究水平和理论素养，并将研究成果作为指导幼儿园管理、发展的有力依据，成为影响辐射广大园所的力量。

下面，是工作室学员在工作室培养期间开展的课题研究的材料，我们可以从大家的课题研究中寻求更多的启发。

**课题研究案例一：**

课题名称：开展多元化体育活动，提升幼儿综合素养的研究

课题主持人：张萍

# 开题报告

**研究目标：**

本课题研究的主要目标是探索适合幼儿身心发展规律的多元化的体育活动，创设多元化的环境，选择多元化的内容、材料，采取多元化的途径，通过活动设计、组织与指导，以获得多元化体育活动所呈现的教育价值的研究，增强幼儿体质，有效发展幼儿体能，提升幼儿的综合素养。

针对当地幼儿园开展体育活动的现状进行分析，在此基础上研究出本地幼儿园更有效地开展体育活动的具体措施和方法，总结归纳出研究成果，以点带面，给当地幼儿园有效开展多元化的体育活动作出示范和借鉴，为推动本地幼儿园多元化体育活动的广泛实施提供一些参考，推动我市幼儿教育事业进一步发展。

**研究内容：**

A. 探索创设体育活动多元化环境的研究；

B. 探索多元化体育活动器械材料的研究；

C. 探索民间体育游戏和现代体育游戏相结合的研究；

D. 探索体育活动多元化实施形式的研究；

E. 探索体育活动多元化评价方式的研究；

F. 探索把多元化体育活动向家庭、社会延伸的研究。

**研究方法：**

1. 调查研究法：分别在研究的前期、中期、后期进行调查。调查幼儿对体育活动的兴趣、认识，幼儿体能方面及整合性的发展情况；调查教师对开展多元化体育活动的意见及建议等。

2. 行动研究法：在研究实施过程中，教师亲身参与体育活动的设计、开发及实施，从中发现问题、解决问题，从而探索出开展多元化体育活动的新模式。

3. 比较分析法：针对活动的开展进行定期研究分析，并针对获得的数据实施统计分析，总结差距与经验，针对问题进行及时的修正，不断健全实验方案。

4. 实验研究法：先在本园进行多元化的体育活动研究，通过研究实验，获得相应的经验以后，再尝试在附近幼儿园加大推广的范围。

5. 经验总结法：采用整体规划、按步骤推动的实验研究方案，针对每一个阶段制定对应的研究方案，有总结、有检验、有记录以及有计划地针对研究进行定期的分析。最终通过整理各个阶段的实验与研究成果，产生对应的整体实验研究体系。

**组织：**

课题顾问、指导专家：陈少海

课题主持人：张萍

课题成员：蔡超秀、杨梅红、黎武、祝驰惠、陈小娟、赖家燕

**课题组成员分工：**

张　萍　幼儿园高级课题组负责人，主持课题组的全面工作

蔡超秀　幼儿园一级　撰写方案和开展研究

杨梅红　幼儿园一级　撰写开题报告和开展研究

黎　武　幼儿园一级　开展研究和整理相片集

祝驰惠　幼儿园一级　开展研究和整理论文集

陈小娟　幼儿园一级　开展研究和撰写结题报告

赖家燕　幼儿园二级　收集个案记录和教育随笔

**研究进度：**

第一阶段（2018 年 10 月—2019 年 4 月）

1. 成立课题组，申请立项。

2. 查阅并收集与幼儿体育活动相关的文献资料，为课题研究做准备。

3. 组织课题研究组成员进行前期调查，讨论研究方案，明确研究思路，分配具体的研究任务，将责任落实到每一个研究组成员身上，并且制定一套细致的研究制度。

4. 开展开题报告会。

第二阶段（2019 年 5 月—2019 年 7 月）

将本课题研究组划分为两个小组。其中一个小组主要负责进行实地走访调查，收集记录本园和附近各个幼儿园体育活动开展的各种情况，包括各个幼儿园开展体育活动的现状或面临的困境；另外一个小组主要调查各个幼儿园领导、教师、家长以及幼儿对体育活动的看法及重视程度，分析制约各个幼儿园有效开展多元化体育活动的因素，整理总结《信宜市区及乡镇幼儿园开展体育活动现状分析》。

第三阶段（2019 年 8 月—2020 年 8 月）

1. 收集、整理调查研究的数据资料，进行分析、总结。

2. 开展各种形式的交流研讨，对研究方案进行整理、反思、提炼。

3. 对课题研究进行阶段性总结，听取专家意见，使课题研究不断完善。

4. 针对存在的问题制定对应的解决方案，并在本园或附近幼儿园、本园结对的帮扶园进行推广实践，以此来促进各个幼儿园多样化的体育活动的开展。

第四阶段（2020 年 9 月—2020 年 11 月）

1. 整理、分析有关课题资料，汇总研究成果。

2. 课题主持人执笔撰写"开展多元化体育活动，提升幼儿综合素养的研究"课题研究结项报告。

3. 课题组各个组员完成相关的成果材料：成果集、论文集、相片集等等。

| 经费分配： | | | | | |
|---|---|---|---|---|---|
| 序号 | 经费开支科目 | 金额（元） | 序号 | 经费开支科目 | 金额（元） |
| 1 | 资料费 | 1000 | 5 | 咨询费 | 500 |
| 2 | 调研差旅费 | 1000 | 6 | 印刷费 | 500 |
| 3 | 小型会议费 | 1000 | 7 | 管理费 | 0 |
| 4 | 计算机及其辅助设备购置和使用费 | 500 | 8 | 其他 | 500 |
| 合计 | 5000 元 | | | | |
| 年度预算 | 2018 年 | | 2019 年 | | 2020 年 |
| | 500 元 | | 2000 元 | | 2500 元 |

预期成果：

| | 序号 | 研究阶段起止时间 | 阶段成果名称 | 成果形式 |
|---|---|---|---|---|
| 主要阶段性成果 | 1 | 2018. 10—2019. 04 | 申请评审书、开题报告书、实验方案 | 报告 |
| | 2 | 2019. 05—2019. 07 | 《信宜市区及乡镇幼儿园开展体育活动现状分析》 | 材料、报告 |
| | 3 | 2019. 08—2020. 08 | 《幼儿园多元化体育活动案例分析》、阶段性总结 | 材料、报告 |
| | 4 | 2020. 09—2020. 11 | "开展多元化体育活动，提升幼儿综合素养的研究"研究成果集、录像资料等 | 成果集论文集相片集录像资料 |

| | 完成时间 | 最终成果名称 | 成果形式 | 预计字数 |
|---|---|---|---|---|
| 最终成果 | 2020. 11 | "开展多元化体育活动，提升幼儿综合素养的研究"的相关成果 | 成果集论文集相片集录像资料 | 100000 |
| | 2020. 11 | "开展多元化体育活动，提升幼儿综合素养的研究"研究报告 | 研究报告 | 6000 |

# "开展多元化体育活动，提升幼儿综合素养的研究"中期报告

课题主持人：张萍

（一）课题简介

1. 课题由来

《幼儿园工作规程》规定，实行保育和教育相结合的原则，对幼儿实施体、智、德、美全面发展的教育，促进其身心和谐发展，从而提高幼儿的素质，为他们一生的发展奠定良好的基础。《幼儿园教育指导纲要（试行）》中指出，幼儿园必须把保护幼儿的生命和促进幼儿的健康放在工作的首位；培养幼儿对体育活动的兴趣是幼儿园体育的重要目标，要根据幼儿的特点组织生动有趣、形式多样的体育活动，吸引幼儿主动参与。《3—6岁儿童学习与发展指南》也指出，幼儿园每天要确保幼儿有不少于2小时的户外活动。体育活动是幼儿园健康教育课程内容的重要组成部分，根据幼儿的身心发展特点与水平进行课程实施，能提高幼儿对体育活动的认识，改善幼儿对体育活动的态度，培养幼儿的健康行为。

目前体育活动已成为幼儿园的主要活动，也越来越受到各幼儿园的重视，我园也投入到有效开展多元化体育活动研究的工作中，努力以全新的教育理念和多样的教育方式来指导实际工作。其中，近两年常常被附近和乡镇的幼儿园园长和教师争相来观摩本园的体育活动课、多彩的户外游戏、新颖早操、特色元旦活动等。不过，虽然本园在开展体育活动的过程中，取得了一些进步，但也还存在一些问题需要继续探究，如何创设开展体育活动

的多元化环境？如何挖掘适宜开展体育活动的器械材料？如何探索民间体育游戏和现代体育游戏相结合？如何探索多元化体育活动的实施形式？等等。进行幼儿园开展多元化体育活动的研究将有助于解决这些问题，提高幼儿园体育活动的质量，推动本地幼儿园体育活动课程建设，促进孩子全面发展、健康成长。因此，在这样的背景下，我们课题组成员结合自己幼儿园开展体育活动的经验，提出"开展多元化体育活动，提升幼儿综合素养的研究"课题，探讨符合在幼儿园里切实可行地开展多元化体育活动的具体措施和方法。

2. 课题界定

多元化：由单一向多样发展，由同一向分散变化。指多样的，不是集中统一的。

体育：在人类社会发展中，根据生产和生活的需要，遵循人体身心的发展规律，以身体练习为基本手段，达到增强体质，提高运动技术水平，进行思想品德教育，丰富社会文化生活而进行的一种有目的、有意识、有组织的社会活动，是伴随人类社会的发展而逐步建立和发展起来的一个专门的科学领域。体育的狭义概念是以发展体力、增强体质为主要任务，传授锻炼身体的知识、技能，培养道德和意志品质的教育过程，是对人体进行培育和塑造的过程，是教育的重要组成部分，是培养全面发展的人的一个重要方面。

多元化体育活动：是指遵循幼儿的生长发育规律和身体活动的规律，通过多元化的体育活动材料、内容、实施方式和相关策略方法，以幼儿为活动主体，以身体练习为基本手段，以增强幼儿体质为核心，以促进幼儿身心全面、主动而富有个性的发展为根本目的的活动。

素养：即平时的修养。《汉书·李寻传》云："马不伏枥，不可以趋道；士不素养，不可以重国。"可见，素养对人的事业具有极为重要的意义。幼儿的综合素养是指孩子们日常的、日积月累的、不断丰富发展的各种综合能力的体现。

3. 研究目标

本课题研究的主要目标是探索适合幼儿身心发展规律的多元化的体育活动，创设多元化的环境，选择多元化的内容、材料，采取多元化的途径，通过活动设计、组织与指导，以获得多元化体育活动所呈现的教育价值的研究，增强幼儿体质，有效发展幼儿体能，提升幼儿的综合素养。

针对当地幼儿园开展体育活动的现状进行分析，在此基础上研究出本地幼儿园更有效地开展体育活动的具体措施和方法，总结归纳出研究成果，以点带面，给当地幼儿园有效开展多元化的体育活动作出示范和借鉴，为推动本地幼儿园多元化体育活动的广泛实施提供一些参考，推动我市幼儿教育事业进一步发展。

4. 研究内容

（1）通过查阅相关文献资料，提出开展多元化体育活动的内涵与意义，以及幼儿综合素养教育的内涵与意义。

（2）研究幼儿园开展多元化体育活动的困境。

当前我国教育过于追求功利化，导致幼儿教育普遍存在漠视多元化体育活动的现象，认为玩会影响学习。

为了调动教师参与课题研究的积极性，充分发挥教师的聪明才智，变废为宝，更为了丰富幼儿体育游戏的活动器材，我们组织各班级开展了多次自制体育游戏器材的评比活动，在评比活动中出现了许多有特色的活动器材，并能很好地推广到一日活动的多个环节中，但是在考虑如何使材料更具适合性，使用时应该怎样注意层次性和递进性这些方面感到困惑。

（3）通过问卷调查，分别调查幼教、家长以及幼儿对多元化体育活动的观点与看法，并了解幼儿园多元化体育活动的开展现状。

（4）针对我国多元化体育活动的实际情况，设计幼儿园开展多元化体育活动的具体措施。

①理论学习。知识素养是教师进行教学研究的理论基础和思想来源，通过组织理论学习，为教师开展研究工作提供了思想的指导和行动的引领。

②开展各种形式的研讨、交流活动，对研究方案、经验进行整理、反思、提炼，形成研究报告、经验总结等文章，并提出指导性意见。

③召开家长会，与家长达成共识，取得家长的支持和配合。

（二）课题研究情况

1. 制定研究方案和制度

召开课题研究组员会议，讨论研究方案，明确研究思路，落实研究任务，制定研究制度。

2. 开展调查分析，为课题研究做准备

设计关于幼儿园多元化体育活动情况的调查问卷。在申报开题初期，课题组成员先搜索、分析相关资料，斟酌、筛选可借鉴的内容，根据本园和附近幼儿园的实际情况，从幼儿园是否重视多元化体育活动、教师如何开展多元化体育活动、家长对开展多元化体育活动的态度三个方面，设计出侧重表达被调查者内心感受，有助于了解幼教、家长对多元化体育活动的观点与看法，并能了解幼儿园多元化体育活动开展现状的问卷调查，为探寻有效、可行的幼儿园开展多元化体育活动的具体措施奠定良好的开端。

3. 总结调查报告，为课题研究导航

组织本园和附近幼儿园部分教师和家长填写问卷，汇总调查结果，做出分析并完成《幼儿园开展多元化体育活动调查报告》。为确保问卷数据的客观与真实性，课题组成员组织被测试对象解读问卷、消除顾虑，最后有计划地组织问卷调查工作，撰写出了翔实的调查报告，确保研究工作有的放矢，稳步推进。

4. 加强理论学习，为课题研究蓄力

课题组成员继续进行相关理论学习，为开展研究打下坚定理论基础。我们采用了集体学习和分散学习相结合的方法，通过上网、学习专著、阅读教育教学类刊物、做好教育笔记等方式，积累教育智慧，用以指导自己的教学教育行为。我们课题组学习的书刊有《教育导刊》《早期教育》《学前教育》《幼儿教育》《儿童与健康》等等。通过学习并撰写教育随笔，努力从理论上引导课题组成员全面把握课题产生背景、科学依据、教育思想、实践价值，实现教育思想、教育观念的转变。

5. 搭建交流平台，为课题研究添翼

在课题研究过程中，我们组织领导班子、骨干教师、各级教师等开展研讨交流活动，让大家根据自己在实践中的感悟进行沟通交流，通过大家讨论分析，寻找解决问题的策略，从而找出有效开展生命教育的方法。

6. 提高领导、教师、家长的意识，让多元化体育活动工作落到实处

本课题组成员在该课题立项后，立即收集关于幼儿园开展多元化体育活动的重要性的相关资料，而且本园园长是课题组主持人，因此在领导带头中起到至关重要的作用。领导班子非常注重

多元化体育活动的思想建设，提高了大家对多元化体育活动重要性的认识。幼儿园的领导把多元化体育活动作为幼儿园活动的重要部分，充分发挥每位教职工在每个环节当中的主体地位和作用，教育幼儿增强体质，有效发展体能。使多元化体育活动切实能够让每位教职工以一种饱满的工作热情、健康的工作方式、积极的工作态度去面对每一个教育细节，并且通过一定的方法和手段，达到形式和内容的统一，切实为幼儿的综合素养的成长发挥作用。园领导在开学初安排好一些多元化体育活动的课程教学，还在学期初亲自规划体育活动，把体育活动同日常教学紧密结合起来，以课题带动教研，促进了幼儿身体素质和教师专业水平的提高。

（1）制定阳光体育活动目标

①以快乐为中心，以兴趣为切入点，通过丰富多彩的体育活动潜移默化地激起幼儿从小喜欢运动、喜欢锻炼的情感。②活动过程中认真落实"每天户外锻炼两小时"的指导思想。③培养健康、自信、勇敢、大胆、顽强的阳光幼儿。

（2）营造丰富多彩的活动环境

本园的户外活动场地面积达到17000多平方米，充分利用场地宽阔的优势，根据三维体能：力量和耐力、灵敏性和协调性、平衡能力，把园内操场、斜坡、草地有规划地、科学地设置为攀登区、悬垂区、支撑区、投掷区、钻爬区、跑跳区、玩车区、建构区、侧滚翻等12个不同的户外游戏区，在各个区域分别开展关键体能活动，每天39个班同时进行活动。

（3）开展多元化的体育活动

①阳光体育第二课堂活动

以激发幼儿的兴趣为出发点，我园开设了多姿多彩的特色体育第二课堂活动，全园幼儿可以根据自己的兴趣爱好参加第二课堂活动，有花样篮球、足球、轮滑、闪跳球、跆拳道、滑板、跳绳、万能棒等。每项活动有专职的教练，由外聘教练及本园的教师任教，定好每个学期的教学计划，定期检查教学效果与教学进度，定时开展研讨会解决遇到的困难。每个学期开展一次大型的第二课堂会演活动。

②开展一班一特色体育活动

每班教师和孩子们选择一种体育器械或多物创意组合，做到一物多玩和自由探究器械的多种玩法，形成班级特色。例如：呼啦圈可玩推车轮、玩跳圈游戏、开火车等。创意组合可多种搭配，如呼啦圈和篮球配合玩，和交通标志结合玩，任由教师和幼儿发挥，提高幼儿的活动兴趣和探究精神。每个学期评比最具特色创意班级。

③创设快乐晨间操

每天的晨间操是本园的一道独特亮丽的风景线，根据幼儿身心发展特点，各级使用不同的器械创编科学、规范、有童趣、有特色的晨间操，如花环操、凳子操、筷子操、扇子操、绳子操等。我们一物多用，一物多练，运用形象化、生活化、趣味化的方式调动幼儿参加活动的主动性，促进幼儿德智体美的综合发展。

④开展户外混龄自主游戏

开展"大手拉小手"的每周一次混龄自主游戏活动。打破场地限制、打破班级界限、打破行动界限，让幼儿可以自由结伴、自由选择、自主合作，在活动中锻炼，在游戏中发展，其乐融融。

⑤阳光体育与民间游戏结合

民间游戏灵活度、自由度大，一般不受时间、空间条件的限制，所需要的材料简便，游戏种类丰富，因此教师把阳光体育活动与民间游戏结合起来，有利于幼儿身心全面发展，对幼儿的认知发展、良好个性和积极情感的形成及对幼儿身体和动作技能的发展都有很大的帮助。

⑥丰富多彩的家园互动活动

将幼儿的基本动作与技能训练融为一体，贴近生活实际，把体育与艺术有机地结合在一起，每年举行不同的阳光体育主题亲子运动会、趣味体育游戏比赛、亲子操表演等。

⑦开展体能大循环

根据《3—6岁儿童学习与发展指南》在动作发展方面提出的目标以及幼儿的年龄特征、身心发展水平和器械使用的时机，选择幼儿熟悉、感兴趣的器械，让幼儿在循环活动中锻炼走、跑、爬、跳等能力，让幼儿的动作水平得到充分的发展。并且及时根据幼儿运动的密度更新大循环中的个别活动，给幼儿不一样的新鲜感，激发运动兴趣，挖掘运动潜能。

通过开展多元化的体育活动，最终培养他们成为身心健康、自主自强、阳光自信的一代新人。

**（三）课题阶段成果**

通过研究，我们已经取得了明显成效，主要体现在以下几方面：

1. 形成了幼儿园多元化体育活动现状的调查报告。

2. 转变了幼儿园领导、教师、家长的一些观念，让大家重视了幼儿多元化体育活动的开展。

3. 坚持教育理论和教育实践相结合，提升了教师专业素质。

4. 论文和总结获奖及刊登情况：

（1）论文《阳光体育特色——幼儿园户外体育活动的组织策略》获"茂名市2019年学前教育优秀论文"一等奖。

（2）论文《幼儿园区域游戏促进幼儿全面发展的有效性研究》获2018年度第十三届"当代杯"全国幼儿教师职业技能大赛论文组一等奖。

（3）论文《幼儿体育游戏对民间游戏的开发和利用》获中国人生科学学会教师发展专业委员会举办的"全国优秀教育教学论文评选大赛"一等奖。

（4）论文《幼儿体育活动中跳绳游戏创新设计与实施分析》获"2019年广东教学学会学前教育专业委员会年会论文"评比二等奖。

（5）论文《幼儿园户外特色体育活动的开展策略》获"2019年广东教学学会学前教育专业委员会年会论文"评比二等奖。

（6）论文《欠发达地区幼儿园有效开展区域活动的实施策略》发表在《儿童与健康》书刊。

（7）论文《浅谈创设幼儿园户外自主性游戏环境》发表在《教育研究》书刊。

（8）论文《让幼儿在区域活动中体验快乐》发表在《教育学文摘》杂志。

（9）教学设计《玩轮胎》获"信宜市优秀设计评比"一等奖。

（10）游戏案例《我们的幼儿园》获"信宜市2018年幼儿园优秀游戏活动案例"一等奖。

（11）专题讲座"阳光文化引领，打造特色幼儿园"在广东省吴木琴名园长工作室学员跟岗培训活动中进行，受到一致好评。

（12）近年来本园的户外混龄活动多次面向全市幼教同行开放观摩，举行讲座交流等。如："依托园本文化打造特色户外活动""阳光文化引领，打造特色幼儿园"等，起到指导引领作用。

（四）课题研究疑难困惑

我们的课题研究取得了一些成果，但也有以下问题要注意，并在实践中不断完善。

1. 课题组个别参研人员对课题研究状况未能进行认真及时的调查诊断、总结。

2. 在体育活动开展实践中观察与记录不够迅速，错过某些值得深思的瞬间。

3. 个别班教师在开展多元化体育活动方面的能力还有待提高，有待课题组成员给予更好的指导。

（五）课题研究的后段设想

1. 继续抓好理论学习，提高课题组成员和带班教师素质。

2. 梳理、归纳问题，组织课题组成员开展好研讨活动和调研活动。

3. 加强同一活动资源在不同年龄阶段幼儿体育活动中的组织和内容上的探索。

4. 加强研讨交流活动，互相探究课题实施过程中的教育点滴，交流经验，解决疑惑。

5. 注重课题研究经验的推广，在实践研究的基础上，鼓励教师多总结，多反思，并将自己的研究心得整理成章，组织开展研究经验的交流推广活动，同时，加大获奖、发表论文的奖励力度，提高教师撰写的积极性。

课题"开展多元化体育活动，提升幼儿综合素养的研究"获茂名市教育局立项，列为茂名市教育科学"十三五"规划2018年度研究项目。"巧用园所资源——创新开展特色户外活动"经验介绍和"阳光文化引领，打造特色幼儿园"专题讲座在茂名幼教活动中受到一致好评，其中基本内容为：充分利用户外活动面积宽阔的优势，科学、合理、规范地设计活动区域。根据幼儿的年龄、兴趣特点，开展"大手拉小手"混龄活动、体能大循环、阳光体育第二课堂活动（轮滑、花样篮球、足球等）、一班一特色等特色体育活动。

学术价值及社会影响：根据上级"创现代化学校"的文件精神，我园创设"阳光体育"的办园特色，开展多元化体育活动是我园提高办园质量、形成办园特色的需要。通过课题研究打造幼儿园特色品牌，并以点带面推动本市幼儿教育事业的发展，为全市幼儿教育谋求新的渠道和新的操作样式。

**课题研究案例二：**

课题名称："二十四节气"引入幼儿园活动的实践研究

课题主持人：潘颖

# 开题报告

## 一、本课题研究的目的和意义

选择本课题的目的在于使幼儿了解中国博大精深的传统文化，使文化得以更好地传承发展，同时借助优秀传统文化，促进幼儿身心的健康发展。

目前，对传统文化融入教育的研究有很多不同的切入点，如民间游戏、神话、传统节日等等，但大多是针对初高中以及小学阶段的孩子，对于二十四节气与幼儿园教育的研究少之又少。

二十四节气表达了人与自然、宇宙之间独特的时间观念，是中华民族悠久历史文化的重要组成部分，凝聚着中华文明的历史文化精华。二十四节气既是历代官府颁布的时间准绳，也是指导农业生产的指南针和日常生活中人们预知冷暖雨雪的指南针。二十四节气通过对天文、气象、物候等一些自然规律的科学总结，反映季节、气候、物候等自然现象的变化规律，是我国古代劳动人民辛勤劳动与智慧的结晶。无论是过去还是现在，二十四节气都有着非常重要的使用价值。

高州市第一幼儿园秉承传统，紧依氛围，立足于社会对人才的需要，以对幼儿全面负责的高度责任感，在艺术教育特色的基础上，依据《3—6岁儿童学习与发展指南》，利用传统节日适当向幼儿介绍我国的民族文化，帮助幼儿感知文化的多样性，深刻了解我国传统文化，激发幼儿的民族自豪感。基于此，本园从园所文化背景、幼儿身心特点及认知规律等方面出发，开发、整合幼儿园各种活动资源，从发现自然秘密、体验民俗风情、表达多元创意三个层面开展幼儿园二十四节气文化活动探索实践，探讨二十四节气与幼儿教育之间的内在联系，阐明其独特的教育价值，对融入幼儿园课程进行科学分析和实践探索，以寻求现实可行的幼儿园活动方案，为以后幼儿园开展有关二十四节气的教育活动提供实践层面的参考。

**二、本课题研究的主要内容**

本课题研究的主要内容是以研究二十四节气与幼儿园教育之间的内在联系为切入点，分析每一节气的特点，将其与幼儿身心发展的实际情况相结合，设置特色活动，如，春分让幼儿体验播种并制作稻草人、清明节放风筝寄托哀思、端午节包粽子等。将每一节气融入幼儿园活动中进行理论分析和实践证明，最终形成科学的理论依据和行之有效的节气活动方案，让幼儿通过独特的情感体验认识中国的传统文化，让中国的传统文化得到更好的传承发展。

### 三、本课题在国内外研究现状及预计有哪些突破

我国对于二十四节气与幼儿教育的研究工作开展得较晚，虽然许多人对于《二十四节气歌》都略有耳闻，但对其中的寓意和作用大都不清楚，有人曾对此进行了调查研究，在城市地区的成人对二十四节气的名称知之甚少，小学生知道的相对要多，但也仅限于机械背诵《二十四节气歌》中的节气名称，对于二十四节气的由来、用途、特点等都不清楚。二十四节气的发展出现了"断层化"危机。虽然，近年来对于二十四节气的研究逐渐增多，但国内的二十四节气与幼儿教育的研究，还处于一个不太成熟的阶段。

教师现状：大部分教师对二十四节气没有深入的了解，局限于知道《二十四节气歌》和部分节气的过节方式。

家长现状：家长的情况与幼儿教师差不多，有的连《二十四节气歌》都说不上来。部分上了年纪的曾在农村干过农活的对其有一定了解，但没有跟幼儿分享过相关的知识经验。

幼儿现状：现代社会的幼儿基本上都是温室里的花朵，很少有机会真正回归大自然去感受和体验，并且二十四节气与传统农业和气候等有关，只是单纯地讲解这些知识幼儿是理解不了的，同时幼儿还会感觉"没意思"就不学了。

我们期望通过本课题的研究，能够达到的成效如下：

1. 幼儿教师对二十四节气有深入的了解，并能够在不变其精髓的情况下改变方式教给幼儿，从不同的领域，采用不同的方式将节气传授给幼儿。

2. 幼儿教师有意识地向幼儿家长传达每一节气的时间，发动

家长运用自己的方式去搜索每一节气的特点和习俗，并向幼儿分享，以此也能对家长进行扫盲学习，大家共同学习，共同进步。

3. 幼儿园创造更好的条件，每一节气，幼儿园都创设空间和机会，为幼儿开展丰富多样的体验活动。

4. 形成的教研成果及时分享，达到以点带面的效果，逐步向全市乡镇幼儿园实施推广。

**四、完成本课题的条件分析，包括人员机构、资料准备和科研手段**

人员机构：我园建立了"二十四节气活动"研究小组，由园长、业务园长、教研组长等同志组成课题攻关小组，使科研活动有组织、有计划地进行。要求全园教师人人参与课题研究，并定期开设"教学沙龙"活动，要求教师边研究、边运用、边学习、边实践。将二十四节气的各个习俗文化融入我们的每一习俗活动中，使每一位教师都熟知我们的节气特色，全面提升幼师素质，为二十四节气活动的开展提供师资保证。

资料准备：本园已经订阅了大量的有关二十四节气的书籍，并组成攻关小组成员，对每一季度的节气进行研究考察，根据我们的实际情况拟定每一节气的特色活动，并给每一节气配上通俗易懂的小故事做引子，让幼儿容易理解，如果没有故事的就根据它的来历进行改编，改编的时候所用语言符合幼儿的思维和表达习惯。此外，在教学的同时配以一些能够引起幼儿兴趣的材料，例如图片、动画、老师制作的课件、教具等。此外，有些节气是可以让幼儿亲身参与进去的，更能加深其体会。

科研手段：密切关注二十四节气与幼儿教育方面的最新成果和发展动向，邀请学前教育专家进行指导工作，保证课题有效实施。

**五、本课题研究的应用价值**

二十四节气是中国古代历法中的一部分，是中国古代先人们在与自然交往中，一定程度上掌握的自然界发展的规律，并运用这些规律为自身服务。现在许多人对二十四节气的理解只有一个模糊的概念，大多数人只会背诵《二十四节气歌》，对每一节气的深入了解少之又少，所以为了避免出现断层，二十四节气作为文化的传承是必要的。《中共中央国务院关于学前教育深化改革规范发展的若干意见》中提出，学前教育是终身学习的开端，是国民教育体系的重要组成部分，由此可以看出幼儿园的教育对于幼儿未来的发展起着重要作用，将二十四节气这一重要传统文化融入幼儿教育中，对传承中华传统文化有着重要意义。

**六、课题组分工情况**

潘颖：负责全面指导课题研究及资料上传，为课题实施提供完善的制度保障。

程思月：负责课题研究及资料上传，撰写开题、结题报告等。

许春燕：负责实施并记录研究活动。

吴玉琴：负责实施并记录研究活动。

曾桂河：负责设计实践，统计分析数据。

冼建兴：负责设计实践，统计分析数据。

林少辉：负责搜集有关理论并组织学习，收集研究素材。

**七、主要研究阶段**

准备阶段（2019 年 9 月—2019 年 11 月）

根据园本课程的研究和每一阶段幼儿的实际情况，确定课题并申报。

实施阶段（2019 年 11 月—2020 年 3 月）

以幼儿为本设置每一节气的特色活动，并对每一活动的成效进行研究讨论，做好活动记录。

总结阶段（2020年3月—2020年7月）

整理课题研究的过程性材料，认真分析、总结、撰写结题报告，准备结题。

**八、最终成果形式**

论文，结题报告。

# "'二十四节气'引入幼儿园活动的实践研究"结题报告

课题主持人：潘颖

## 一、研究提出的背景和意义

我国对于二十四节气与幼儿教育的研究工作开展得较晚，虽然许多人对于《二十四节气歌》都略有耳闻，但对其中的寓意和作用大都不清楚，有人曾对此进行了调查研究，在城市地区的成人对二十四节气的名称知之甚少，小学生知道的相对要多，但也仅限于机械背诵《二十四节气歌》中的节气名称，对于二十四节气的由来、用途、特点等都不清楚。二十四节气的发展出现了"断层化"危机。虽然，近年来对于二十四节气的研究逐渐增多，但国内的二十四节气与幼儿教育的研究，还处于一个不太成熟的阶段。

教师现状：大部分教师对二十四节气没有深入的了解，局限于知道《二十四节气歌》和部分节气的过节方式。

家长现状：家长的情况与幼儿教师差不多，有的连《二十四节气歌》都说不上来。部分上了年纪的曾在农村干过农活的对其有一定了解，但没有跟幼儿分享过相关的知识经验。

幼儿现状：现代社会的幼儿基本上都是温室里的花朵，很少有机会真正回归大自然去感受和体验，并且二十四节气与传统农业和气候等有关，只是单纯地讲解这些知识幼儿是理解不了的，同时幼儿还会感觉"没意思"就不学了。

选择本课题的目的在于使幼儿了解中国博大精深的传统文化，使文化得以更好地传承发展，同时借助优秀传统文化，促进幼儿身心的健康发展。

目前，对传统文化融入教育的研究有很多不同的形式，如民间游戏、神话、传统节日等等，但大多是针对初高中以及小学阶段的孩子，对于二十四节气与幼儿园教育的研究少之又少。

二十四节气表达了人与自然、宇宙之间独特的时间观念，是中华民族悠久历史文化的重要组成部分，凝聚着中华文明的历史文化精华。二十四节气既是历代官府颁布的时间准绳，也是指导农业生产的指南针和日常生活中人们预知冷暖雨雪的指南针。二十四节气通过对天文、气象、物候等一些自然规律的科学总结，反映季节、气候、物候等自然现象的变化规律，是我国古代劳动人民辛勤劳动与智慧的结晶。无论是过去还是现在，二十四节气都有着非常重要的使用价值。

高州市第一幼儿园秉承传统，紧依氛围，立足于社会对人才的需要，以对幼儿全面负责的高度责任感，在艺术教育特色的基础上，依据《3—6岁儿童学习与发展指南》，利用传统节日适当向幼儿介绍我国的民族文化，帮助幼儿感知文化的多样性，深刻了解我国传统文化，激发幼儿的民族自豪感。

**二、研究目标**

本园从园所文化背景、幼儿身心特点及认知规律等方面出发，开发、整合幼儿园各种活动资源，从发现自然秘密、体验民俗风情、表达多元创意三个层面开展幼儿园二十四节气文化活动探索实践，探讨二十四节气与幼儿教育之间的内在联系，阐明其独特的教育价值，对融入幼儿园课程进行科学分析和实践探索，以寻求现实可行的幼儿园活动方案，为以后幼儿园开展有关二十四节气的教育活动提供实践层面的参考。

### 三、研究方法

1. 行动研究法：以所在园教学实践为认识对象，在课程改革的背景下思考和梳理，同时注重反思总结，并将教学反思贯穿于课程活动中，"在行动中研究，在研究中行动"，通过研究，促进园本化课程的实施。

2. 文献研究法：组织课题组教师成员的理论学习，订阅学习材料和书籍，更新教育教学观念，形成适合本土实际的理论体系和实际操作模式。

3. 案例分析法：一是通过二十四节气的主题渗透教学，在教学中积累案例；二是观察教师课堂，捕捉案例，通过分析，促进课程完善。

### 四、研究内容

本课题研究的主要内容是以研究二十四节气与幼儿园教育之间的内在联系为切入点，分析每一节气的特点，将其与幼儿身心发展的实际情况相结合，设置特色活动，如，春分让幼儿体验播种并制作稻草人、清明节放风筝寄托哀思、端午节包粽子等。将每一节气融入幼儿园活动中进行理论分析和实践证明，最终形成科学的理论依据和行之有效的节气活动方案，让幼儿通过独特的情感体验认识中国的传统文化，让中国的传统文化得到更好的传承发展。

**五、研究过程和步骤**

准备阶段（2019 年 9 月—2019 年 11 月）

根据园本课程的研究和每一阶段幼儿的实际情况，确定课题并申报。

实施阶段（2019 年 11 月—2020 年 3 月）

以幼儿为本设置每一节气的特色活动，并对每一活动的成效进行研究讨论，做好活动记录。

总结阶段（2020 年 3 月—2020 年 7 月）

整理课题研究的过程性材料，认真分析、总结、撰写结题报告，准备结题。

**六、课题研究成果**

经过一年时间的研究、探索，我们已经形成了比较系统的向幼儿推广二十四节气的方法和策略，主要研究成果有：

**（一）物化性成果**

撰写了论文《新时代背景下中国传统文化如何在幼儿园中传承》《二十四节气融入幼儿园活动的实践研究》等。

**（二）经验性成果**

1. 积累了编写校本教材的经验。

2. 寻找到了解决幼儿教学的新方法和新途径。

3. 初步取得了培养幼儿自主探究的能力的方法。

**（三）实效性成果**

1. 提高了我园教师的教育科研能力，促进了教师的专业化成长。

2. 建立起了新的主题教学活动形式。

3. 形成的教研成果及时分享，达到以点带面的效果，逐步向全市乡镇幼儿园实施推广。

**七、课题研究存在的问题及今后设想**

3—6岁的幼儿年龄尚小，对于传统文化的精髓理解能力有限，并且我们处在南方四季气候变化不明显的区域，在实际教学中存在一定的阻力，需要经常借用多媒体为幼儿讲解气候的变化特点。

**课题研究案例三：**

课题名称："基于核心素养背景下幼儿园国学经典教育的实践研究"

课题主持人：陈华

# 开题报告

## 一、研究背景

国学经典教育的重点在于开端、启蒙，将意蕴深远的知识传授给幼儿，使幼儿一生对此品读与回味。较之于当今的白话文教育，国学经典教育对提高幼儿的文化素养、道德修养，开阔幼儿视野更具深远意义。

在日常生活中我们经常会遇到这样一些现象，幼儿在电视机前玩耍时，无意间就能很流利地背诵广告词，各个广告之间的顺序都能牢牢记住；走在马路上幼儿常常喜欢指着店铺名称问大人上面写着什么字，以后再经过时便能熟练地将上面的字念给大人听。可见幼儿的记忆力强且能将记忆内容长久地保存在头脑中。幼儿的求知欲很强，他们乐于将外界刺激与已有的知识结构联系起来，使自身认知结构不断完善。幼儿也易潜移默化地受外在环境的影响，幼儿的思维方式、行为习惯、价值观念等多是在环境中无意识地习得和形成的。幼儿期是整个人生的重要时期，它关乎人一生的发展，与其让幼儿在充满垃圾广告的环境中学会"快餐文化"，不如利用幼儿发展特征传授那些对其一生发展都有益处的知识与为人处世准则。国学是中国传统文化与学术的总称，是几千年流传下来的精华，是中国立于世界之林的基础。对于封建制度的批判并不能泯灭国学中所蕴含的精神价值，采取"取其精华，去其糟粕"的态度，将国学中蕴含的对当今人们的交往与生活仍有指导意义的精神传承与传播，能为幼儿一生的发展打下良好的基础。

**二、研究的意义**

本文从国学经典教育的内容、目的、组织方式等角度对国学经典教育的内涵进行界定，使国学经典教育的实施具有可操作性，更适合幼儿。本课题通过探寻国学经典教育与现代教育的契合点，使国学经典教育能在现代教育的指导下开展。通过探寻国学经典教育中蕴含的独特的道德精神及其呈现形式，结合幼儿的发展水平，阐述了国学经典教育实施时应注意的事项及策略。

**三、研究方法**

**（一）文献法**

通过去图书馆、上网等方式查阅有关国学经典教育与幼儿道德品质发展的书籍、期刊、硕博士论文及网络资料，全面了解相关研究现状及所取得的研究成果，通过阅读与整理，扩宽自己的视野，丰富相关理论知识，并结合自己的研究领域提出自己的研究课题。

**（二）内容分析法**

通过对国学的深入探讨，本着"取其精华，去其糟粕"的原则，以当今社会价值观和幼儿道德品质发展水平为依据，从中汲取能够促进当今幼儿道德品质发展的合理成分，进而深入分析国学中合理道德精神呈现的独特形式及对当今幼儿发展的启示，以使国学启蒙教育成为促进幼儿道德品质发展的有力工具，为当今幼儿道德教育的发展注入新活力。

（三）观察法

针对幼儿园开展的国学经典教育进行指导，进而了解到当今幼儿园开展国学经典教育的侧重点所在。通过观摩幼儿园教师开展的国学经典教育课，了解到当今幼儿园如何开展国学经典教育。通过阅览幼儿教师上交的有关国学作业的课件，更为深刻系统地了解国学经典教育开展的现状。

**四、研究步骤**

（一）组织准备阶段（2018年5月—2018年11月）

组建课题组，成立课题研究小组；制定课题研究实施方案和实施计划；准备研究资料，培训课题管理及研究人员；申报立项，开题论证。

（二）研究探索阶段（2018年12月—2019年3月）

组织教师进行专项培训，制定课题实施方案，不同层次教师分别进行提高专业素质的探索，逐步建立提高教师队伍教学能力的培训、管理体系，搞好个案研究，探索实验规律，全面提高教师队伍的整体水平。

（三）总结阶段（2019年3月—2019年5月）

汇总、整理研究成果，最终达到整个课题的研究目标。撰写研究报告，结题。

**五、研究创新点**

本文研究的落脚点在于将国学经典教育作为促进幼儿道德发展的有效工具，着重探求国学经典教育所蕴含的独特的道德精神及其呈现形式对幼儿道德品质发展的积极影响，通过深入挖掘国学经典中存有的道德价值和内容，结合幼儿道德发展水平和特点，探寻以国学经典教育促进幼儿道德品质发展的有效实施战略，为国学经典教育促进幼儿道德品质的发展提供理论依据和为实施提供指导性建议。

### 六、国学经典教育的界定

从国学经典教育的目的上讲，"启蒙是一个对待生命的过程，是一个注重实践而又面向精神的过程"。国学经典教育是根据个体的身心发展特点，以国学为载体润化个体心灵，促使个体自我塑造的过程：通过对个体情感的激发，培养个体对本民族文化的认同与自身精神的建构。国学经典教育更多地关注传统文化对儿童性格的熏陶和习惯养成的作用。

从国学经典教育的内容上讲，国学经典教育的内涵丰富，有儒家的代表著作，如《论语》《中庸》《大学》《孟子》；有墨家的主要著作，如《墨子》；有道家的代表著作，如《老子》《庄子》等等。国学的内容应包含中国传统的各个流派的思想精华，然而，国学经典教育的对象是幼儿，在选取国学经典教育内容时，还应关注幼儿的发展水平。一般选取的国学经典著作都具有排比形式，每句话的字数简练，且读起来朗朗上口。国学内容的浩大与幼儿的接受力和知识存量的有限性相冲突，在选择国学内容时可将国学的内容范围适度缩小，主要集中于儒家、道家思想和蒙学教材中的适于幼儿阅读的经典著作，其内容主要有《论语》《中庸》《三字经》《百家姓》《千字文》《弟子规》《老子》等，这些押韵且读起来朗朗上口的国学经典代表了中国传统的主流文化，其内容蕴含丰富的道德精神和文化精髓，对幼儿道德品质的提升和文化的传承有重要的影响。

从国学经典教育的方式方法上讲，国学经典教育采用的教学方式多种多样，有侧重言语表达和记忆的诵读法、故事法，也有为幼儿所喜爱的游戏法、角色扮演法等，多种多样的教学方法使得国学内涵能够在活动中为幼儿所汲取。

综上所述，国学经典教育是以代表儒家、道家思想的经典著作和蒙学教材为载体，通过各种现代教学方式将其传递给幼儿，以使幼儿的身心全面发展和传统文化得到保存与传递的活动，它侧重于传统文化和道德精神的传授，但其出发点和落脚点都应是促进幼儿的发展。

**七、人员保证**

1. 姓名：陈华

学历：本科，汉语言文学教育专业；职称：小学语文一级。

工作简历：

1998 年 7 月至 2004 年 8 月，在广东省高州市根子镇到湾小学任教。

2004 年 9 月至 2012 年 8 月，在广东省高州市根子镇中心小学任教。

2012 年 9 月至现在，在广东省高州市根子镇中心幼儿园任园长。

曾获奖项：第五届高州市"百佳班主任"；第三届茂名市"作文大王杯"优秀指导教师；"500 校长话创强（高州赛区）"演讲一等奖；高州市"无线城市杯"演讲特等奖；2016 年、2017 年评为茂名日报社优秀通讯员二等奖；2018 年"学习十九大，讲述茂名故事"讲故事大赛二等奖；2018 年到 2019 年度高州市教师职业道德建设先进个人。

曾参加培训：广东省教师置换培训；广东省幼儿教师骨干培训；广东省乡村园长高端培训班培训；广东省园长任职资格培训。

2. 姓名：吕小兰

2001 年 9 月至 2008 年 8 月，在广东省高州市根子镇柏桥小学任教。

2008 年 9 月至现在，在广东省高州市根子镇中心幼儿园任教。

曾获高州市优秀教师称号，高州市幼儿教师舞蹈比赛一等奖，高州市幼儿教师体操比赛一等奖，高州市论文评比二等奖，优秀课例三等奖。

3. 姓名：谢燕平

1998 年 8 月到 2008 年 8 月，在广东省高州市根子镇鸿星幼儿园任教。

2008 年 9 月至现在，在广东省高州市根子镇中心幼儿园任教。

曾获高州市幼儿教师专业技能简笔画比赛三等奖，高州市纪念冼夫人美术作品创作大赛三等奖，高州市论文评比二等奖，广东省教育协会优秀课例评比三等奖。

4. 姓名：林伟强

华南师范函授本科毕业，汉语言文学教育专业。

1998 年到部队服兵役，2001 年进入广东省高州市根子镇中心小学参加教学工作，曾获得高州市优秀教师等称号。

## "基于核心素养背景下幼儿园国学
## 经典教育的实践研究" 结题报告

课题主持人：陈华

**一、研究背景**

国学经典教育的重点在于开端、启蒙，将意蕴深远的知识传授给幼儿，使幼儿一生对此品读与回味。较之于当今的白话文教育，国学经典教育对提高幼儿的文化素养、道德修养，开阔幼儿视野更具深远意义。

在日常生活中我们经常会遇到这样一些现象，幼儿在电视机前玩耍时，无意间就能很流利地背诵广告词，各个广告之间的顺序都能牢牢记住；走在马路上幼儿常常喜欢指着店铺名称问大人上面写着什么字，以后再经过时便能熟练地将上面的字念给大人听。可见，幼儿的记忆力强且能将记忆内容长久的保存在头脑中。幼儿的求知欲很强，他们乐于将外界刺激与已有的知识结构联系起来，使自身认知结构不断完善。幼儿也易潜移默化地受外在环境的影响，幼儿的思维方式、行为习惯、价值观念等多是在环境中无意识地习得和形成的。幼儿期是整个人生的重要时期，它关乎人一生的发展，与其让幼儿在充满垃圾广告的环境中学会"快餐文化"，不如利用幼儿发展特征传授那些对其一生发展都有益处的知识与为人处事准则。国学是中国传统文化与学术的总称，是几千年流传下来的精华，是中国立于世界之林的基础。对于封建制度的批判并不能泯灭国学中所蕴含的精神价值，采取"取其精华，去其相柏"的态度，将国学中蕴含的对当今人们的交往与生活仍有指导意义的精神传承与传播，能为幼儿一生的发展打下良好的基础。

**二、研究的意义**

本文从国学经典教育的内容、目的、组织方式等角度对国学经典教育的内涵进行界定，使国学经典教育的实施具有可操作性，更适合幼儿。本文通过探寻国学经典教育与现代教育的契合点，使国学经典教育能在现代教育的指导下开展。通过探寻国学经典教育中蕴含的独特的道德精神及其呈现形式，结合幼儿的发展水平，阐述了国学经典教育实施时应注意的事项及策略。

**三、研究方法**

**（一）文献法**

通过去图书馆、上网等方式查阅有关国学经典教育与幼儿道德品质发展的书籍、期刊、硕博士论文及网络资料，全面了解相关研究现状及所取得的研究成果，通过阅读与整理，扩宽自己的视野，丰富相关理论知识，并确定自己的研究领域，提出自己的研究课题。

**（二）内容分析法**

通过对国学的深入探讨，本着"取其精华，去其糟粕"的原则，以当今社会价值观和幼儿道德品质发展水平为依据，从中汲取能够促进当今幼儿道德品质发展的合理成分，进而深入分析国学中合理道德精神呈现的独特形式及对当今幼儿发展的启示，以使国学启蒙教育成为促进幼儿道德品质发展的有力工具，为当今幼儿道德教育的发展注入新活力。

**（三）观察法**

针对幼儿园开展的国学经典教育进行指导，进而了解到当今幼儿园开展国学经典教育的侧重点所在。通过观摩幼儿园教师开展的国学经典教育课，了解到当今幼儿园如何开展国学经典教育。通过阅览幼儿教师上交的有关国学作业的课件，更为深刻系统地了解国学经典教育开展的现状。

**四、研究步骤**

**（一）组织准备阶段（2018年5月—2018年11月）**

组建课题组，成立课题研究小组；制定课题研究实施方案和实施计划；准备研究资料，培训课题管理及研究人员；申报立项，开题论证。

（二）研究探索阶段（2018年12月—2019年3月）

组织教师进行专项培训，制定课题实施方案，不同层次教师分别进行提高专业素质的探索，逐步建立提高教师队伍教学能力的培训、管理体系，搞好个案研究，探索实验规律，全面提高教师队伍的整体水平。

（三）总结阶段（2019年3月—2019年5月）

汇总、整理研究成果，最终达到整个课题的研究目标。撰写研究报告，结题。

**五、研究创新点**

本文研究的落脚点在于将国学经典教育作为促进幼儿道德发展的有效工具，着重探求国学经典教育所蕴含的独特的道德精神及其呈现形式对幼儿道德品质发展的积极影响，通过深入挖掘国学经典中存有的道德价值和内容，结合幼儿道德发展水平和特点，探寻以国学经典教育促进幼儿道德品质发展的有效实施策略，为国学经典教育促进幼儿道德品质的发展提供理论依据和为实施提供指导性建议。

**六、国学经典教育的界定**

从国学经典教育的目的上讲，"启蒙是一个对待生命的过程，是一个注重实践而又面向精神的过程"。国学经典教育是根据个体的身心发展特点，以国学为载体润化个体心灵，促使个体自我塑造的过程：通过对个体情感的激发，培养个体对本民族文化的认同与自身精神的建构。国学经典教育更多地关注传统文化对幼儿性格的陶冶和习惯养成的作用。

从国学经典教育的内容上讲，国学经典教育的内涵丰富，有儒家的代表著作，如《论语》《中庸》《大学》《孟子》；有墨家的主要著作，如《墨子》；有道家的代表著作，如《老子》《庄子》等等。国学的内容应包含中国传统的各个流派的思想精华，然而，国学经典教育的对象是幼儿，在选取国学经典教育内容时，还应关注幼儿的发展水平。一般选取的国学经典著作都具有排比形式，每句话的字数简练，且读起来朗朗上口。国学内容的浩大与幼儿的接受力和知识存量的有限性相冲突，在选择国学内容时可将国学的内容范围适度缩小，主要集中于儒家、道家思想和蒙学教材中的适于幼儿阅读的经典著作，其内容主要有《论语》《中庸》《三字经》《百家姓》《千字文》《弟子规》《老子》等，这些押韵且读起来朗朗上口的国学经典代表了中国传统的主流文化，其内容蕴含丰富的道德精神和文化精髓，对幼儿道德品质的提升和文化的传承有重要的影响。

从国学经典教育的方式方法上讲，国学经典教育采用的教学方式多种多样，有侧重言语表达和记忆的诵读法、故事法，也有为幼儿所喜爱的游戏法、角色扮演法等，多种多样的教学方法使得国学内涵能够在活动中为幼儿所汲取。

综上所述，国学经典教育是以代表儒家、道家思想的经典著作和蒙学教材为载体，通过各种现代教学方式将其传递给幼儿，以使幼儿的身心全面发展和传统文化得到保存与传递的活动，它侧重于传统文化和道德精神的传授，但其出发点和落脚点都应是促进幼儿的发展。

### 七、国学经典教育提升幼儿道德品质的具体体现

（一）国学经典教育有助于幼儿道德认知的提高

1. "文以载道"，促使幼儿道德知识与智慧发展并行。个体的智慧发展水平并不代表个体的道德品质发展水平，且智慧发展水平制约着道德品质的发展水平。因此，在提升个体道德品质发展水平的同时也应注重发展个体的智慧发展水平。古人较为注重

道德情操的培养，在其经典著作中淋漓尽致地流露出许多道德精神，使幼儿能在阅读著作、提升智慧发展水平的同时，获得道德知识。

2. "史鱼秉直"，促使道德知识形象化，以加深幼儿的理解。受认知发展水平、思维水平的影响，幼儿对抽象的概念和规则不能充分地理解，因此呈现给幼儿的道德知识或规则应具体明晰化或生动形象化，以促进幼儿对相关概念和知识的理解。国学经典教育中道德知识的呈现许多以历史典故和人物事迹的形式呈现，易于被幼儿接受和喜爱，进而加深幼儿对道德知识的理解。

3. "君子怀德，小人怀土"，创设冲突以提升幼儿道德判断能力。个体道德认知水平的提升，不仅在于个体掌握的道德知识的多少，还在于个体道德判断能力的发展水平。个体道德判断水平的提高需要个体在实际的情境中用已有的道德知识解决问题，创设道德冲突是个体运用已有的道德知识处理现实问题的较好机会，它有助于幼儿道德判断能力的发展。

（二）国学经典教育有助于幼儿道德情感的提升

1. "礼乐化育"，以激发幼儿的道德情感。幼儿道德情感的激发需要一定的条件，道德行为知识需要得到幼儿的认可，需要与幼儿原有的生活经验相联系，以引起幼儿的共鸣，让幼儿获得期望产生的道德情感体验。国学中十分重视"礼""乐"对个体道德的陶冶和培养作用，将"礼"作为个人最基本的修身要求，"不学礼，无以立"，而"乐"对个体的道德情感具有陶冶作用，"移风易俗，莫善于乐"，"礼"与"乐"又具有不同的作用："乐，所以修内也；礼，所以修外也。礼乐交错于中，发形于外，是故其成也怿，恭敬而温文。"故"礼""乐"对个体道德情感的激发与培养具有积极作用。

2. "推己及人"，以丰富幼儿的道德情感体验。情感经验的积累和选择对个体道德具有强化作用，"推己及人"是让幼儿学会站在他人的角度去看待问题，理解和体会他人的感受，丰富幼儿对他人情感理解的道德情感体验，通过各种途径丰富幼儿的道德情感体验对幼儿的道德具有强化的作用。古代对个体修养的要求甚高，孔子提出"己所不欲，勿施于人"等相关论述，成为后人学习的至理名言，通过国学经典教育的实施，深入剖析其所蕴含的关注他人的道德情感的经验与方式，有利于开展多种活动以丰富幼儿的道德情感体验，增强幼儿的道德行为。

3. "发而中节"，以使幼儿采用正确的道德情感表达方式。幼儿的道德情感表达方式不易被成人重视，认为那是小孩子脾气，成人不用太在意，然而幼儿道德情感的表达对其一生的成长都具有重要的意义。国学经典教育中的许多历史典故、人物事迹和名言警句都能为幼儿提供活动的素材，丰富幼儿道德情感的表达方式，引导幼儿关注他人需求，以采取恰当的道德情感表达方式，提升幼儿的道德情感。

（三）国学经典教育有助于幼儿道德意志的增强

1. "入孝出悌"，将道德规则具体、明晰化，以提高幼儿的自觉性。具体、明晰的道德规则有助于幼儿知道什么事情该做、应该怎样做，使幼儿在生活中能清晰明了地知道自己应该做什么，有助于提高幼儿行为的自觉性。国学经典教育中蕴含的道德精神有很多是依附于具体行为准则之上的，特别是那些专为幼儿编写的蒙学教材中的内容涵盖了详细的生活行为准则，为幼儿的道德行为提供了依据，有利于幼儿道德意志的提升。

2. "里仁为美"，重视教育氛围，以增强幼儿道德的坚持性。教育氛围对幼儿道德品质的发展具有重要的作用，幼儿易受周围环境的影响，其行为、言语易模仿他人，周围的教育氛围能增强或削弱幼儿在做某种行为时的坚持性。围绕教育氛围对幼儿道德行为的影响，教师可以充分利用国学中包含的道德精神创设一种幼儿乐于接受的教育氛围，以增强幼儿行为的坚持性。

3. "劝赏陟"，以提高幼儿的自制力。奖惩是保证教学目标顺利完成的一种手段，它对幼儿的行为具有引导和制约的作用，在国学经典教育过程中应注意奖惩的恰当应用，避免使其成为教学的目标。幼儿的道德行为易受暗示的影响，奖惩本身存在对某种行为的赞成或反对，因此通过奖惩的有效利用，引导幼儿行为的方向，有助于幼儿自制力的培养。

（四）国学经典教育有助于幼儿道德行为的提升

1. "似兰斯馨"，提供能被幼儿接受的道德行为榜样。幼儿善于模仿他人的行为，且行为易受权威人士的影响，榜样对幼儿道德行为的养成具有良好的示范和引导作用。榜样的特点、幼儿与榜样之间的能力差距等各方面因素都会影响榜样对幼儿的引导作用的发挥程度。因此，榜样的选取必须与幼儿相联系，是在幼儿生活中且易被幼儿所接受的人士。经典教育中呈现的许多榜样都是幼儿日常生活中所喜爱的对象，使得幼儿乐于遵循他们的良好行为。

2. "言行一致"，在生活中践行道德行为。道德并不是高高在上的理论，而是人们在生活中的实践，一个具有良好道德的人不是仅仅知道道德知识的人，更重要的是在生活中实践道德行为的人。对幼儿进行的道德启蒙不仅仅是道德知识的启蒙，更是在生活中表现出良好行为的启蒙，国学经典教育中的许多内容是与人们的生活紧密联系的，能让幼儿通过阅读将其应用于生活之中，使幼儿养成"言行一致"的良好道德行为习惯。

3."学而时习",形成良好的行为习惯。国学经典教育重在培养幼儿良好的行为习惯,良好行为习惯的养成并不能仅仅依靠道德行为知识,更多的是在活动和生活中通过练习逐渐形成的。国学经典教育中蕴含丰富的日常生活行为准则,能使幼儿将其应用于生活之中,为幼儿良好行为习惯的培养提供了练习的机会。

**八、研究成果**

**(一)甄选国学经典教育内容**

依据社会现实甄选国学经典教育内容,主要采用言语、图画等手段帮助幼儿理解词句的含义,重点是教师将词句的意义与生活中的事物或事件、心境相结合,促进幼儿的理解。之后采用背诵的方法,主要运用接龙、情境等方式激发幼儿学习的兴趣,帮助幼儿掌握所学知识。

**(二)依据幼儿发展水平确定教学方法的数量**

国学经典教育促进幼儿道德发展采用的教学方法并非越多越好,而应根据幼儿身心发展的特点和接受程度,将国学内容以易于幼儿接受的形式呈现于幼儿。在活动实施过程中关注幼儿的反应,以确定国学内容的选用和活动过程的进度。教师在教学过程中应关注幼儿的反应,而非教材和教学方法。

从幼儿对教学内容、方法的注意力、热情程度等方面入手,观察幼儿对此内容或方法是否有反应,如果幼儿能饱含热情地参与活动,那么此教学方法便可继续运用。

**(三)通过多样途径实施国学经典教育**

1.开展专门教学活动,保障国学经典教育的实施

《幼儿园教育指导纲要(试行)》中将幼儿教育划分为五个领域,把道德划分到"社会"领域之中。相应地在实施国学经典教育时,幼儿园也将国学经典教育分为五个领域以展开教学活

动，由于国学自身存在着道德知识蕴含在著作言论之中的特点，在传授一般文化知识的同时也将道德知识进行了传递，这就为在人为分开的各个领域中渗透道德教育提供了可能性和可行性。将道德观念渗透于各个领域中，便是充分利用了国学所蕴含的"文以载道"的特点，教师应充分发挥这一优势，在进行各个领域教学中注重道德行为准则的传递和良好行为习惯的养成，在发展幼儿一般智慧的同时促进幼儿道德知识的增长和道德水平的提高，加强道德教育的力量。

2. 环境育人，促进国学经典教育的实施

可从三个层面上对教师创设的教育氛围进行分析。一是物质层面，即教室内、幼儿园园内、幼儿园走廊内的设施或装饰物中呈现出的教育氛围，如走廊里的国学人物肖像、教室里粘贴的国学著作中的话语等，它是通过有形的物质为幼儿营造一种良好的教育氛围。二是制度层面，包括幼儿园制定的生活规则、作息制度、本班教师所制定的具体的教学或游戏规则等，这种制度会使幼儿行为习惯化，逐渐无意识地遵守行为准则。三是精神层面，即教师在具体的教学或游戏中无意识流露出的对某种行为的偏好和倾向，教师的言行举止中流露出的价值观等，它会引导整个班级教学氛围的倾向。

3. 家园联系，共促国学经典教育的展开

幼儿将道德知识应用于生活中需要教师的引导，教师教授道德知识之后，应着重具体明确地强调在生活中如何践行，通过角色扮演、故事讲述等方式将道德知识生动形象化和直观化，教师可创设具体的生活情境，观察幼儿在具体情境中的行为表现。如学习"孔融让梨"之后，幼儿知道了不仅需要尊敬长辈，同学间也应相互谦让，不应争夺玩具，教师可以让幼儿分苹果，苹果数量少于幼儿的人数，且苹果大小不一，观察幼儿的行为表现。针对幼儿的表现，教师加以引导，树立良好行为的榜样，为幼儿营造一种向上的教学氛围。同时，教师应积极主动地通过多种形式与家长联系，告知幼儿在园中所学习的内容，关注幼儿在生活中的表现，并积极反馈幼儿在生活中的表现，教师和家长共同制定促进幼儿发展的方案。教师也可以充分利用家长的知识资源，鼓励家长参与到幼儿园教学活动中，让了解国学和研究国学的家长到班级内做讲座，和幼儿一起开展国学活动，家园合作，共同促进国学经典教育的有效实施。

**课题研究案例四：**

课题名称：幼儿美术教育创新性实践研究

课题主持人：陈红戈

# 开题报告

2018 年 12 月，信宜市幼儿园课题组向广东省教育科学规划领导小组办公室申报课题研究——"幼儿美术教育创新性实践研究"，现已被批准为广东省教育科研"十三五"规划 2019 年度教育科研一般项目，课题批准号 2019YQJK453。现在为了让课题研究成员对课题的研究方向有一定的认识，且为制订课题具体实施方案做准备，因此，课题负责人撰写了开题报告。

**一、课题名称：幼儿美术教育创新性实践研究**

**二、课题的研究意义（包括课题研究的背景、本项目在国内外的现状、课题的界定、课题的研究价值、创新之处等）**

（一）课题研究的背景

幼儿阶段的孩子们活泼好动，模仿力强，他们喜欢用绘画描绘生活，勇于大胆表现自己的喜怒哀乐，都有乐于用画画来发挥自己的想象，展现自己内心意愿，获得情感体验的愿望。而且他们都可以无拘无束地放飞心灵，跨越时空地自由想象，都具有运用灵活的线条、艳丽的色彩、鲜活的图像，表达自己的思想和宣泄自己的情感的能力。

教育部最新颁布的《3—6岁儿童学习与发展指南》中提出：幼儿艺术领域学习的关键在于充分创造条件和机会，在大自然和社会文化生活中萌发幼儿对美的感受和体验，丰富其想象力和创造力，引导幼儿学会用心灵去感受和发现美，用自己的方式去表现和创造美。

《指南》还强调：幼儿对事物的感受和理解不同于成人，幼儿独特的笔触、动作和语言往往蕴含着丰富的想象和情感，成人应对幼儿的艺术表现给予充分的理解和尊重，不能用自己的审美标准去评判幼儿，更不能为追求结果的"完美"而对幼儿进行千篇一律的训练，以免扼杀其想象与创造的萌芽。

幼儿美术教育是幼儿全面发展的一个重要组成部分，已经受到了幼儿园以及家长的重视，我国很多大城市幼儿园的美术教育活动已经开始走出了"教学内容以认知、注重技巧为主；教学方法以教师示范、幼儿模仿学习为主"的误区。但是由于文化本身的差异，各个地方对美术教育也存在很大的差异。特别是我们这些偏远地区的幼儿园，美术教育活动中存在着不少弊端，严重阻碍着幼儿园美术教育正规化、科学化的进程，影响着幼儿美术教育整体水平的提升。例如：幼儿园设施设备配备严重不足，没有专业的美术教师，美术教育教学方法陈旧单一。加上家长的美术观没有建立起来，大多数人都以"像不像""颜色好不好看""画面是否丰富"来给孩子的画定位。于是，许多幼儿园为了迎合家长要求"看得见"的心理，实施"模式化"教学，要求幼儿对着示范画，用一样的形状、一样的线条、一样的颜色去完成同一幅作品，忽视了孩子在活动中的主体地位，没有给予孩子充分的自由创作空间，教学局限性大，作品单一、缺乏童趣，这样，不但使幼儿对美术的积极性大幅降低，还严重影响了幼儿美术教育中最重要的东西——对孩子综合能力的培养。

由此可见，单一的美术教学活动已越来越不能适应当今这个多元化社会了，更不适应人才的培养和幼儿园发展的需要。所以就需要我们去进行美术教育教学的一种创新改革，探索更新的、更有创意的幼儿美术教育教学方式，跳出注重绘画成果这样的圈子，不局限于材料的应用、不局限于教室课堂、不局限于美术的单科教学等，更新教学意识，把美术与五大领域的知识相互整合，通过发掘新的教学方法，让幼儿们回到生活本身、自然本身来进行美术创作。因此，我们课题组提出课题"幼儿美术教育创新性实践研究"。

### （二）本课题在国内外研究的现状

美术是幼儿非常喜欢的一种艺术活动，它是幼儿认识世界、探索世界的重要手段，在幼儿的发展过程中占有极其重要的地位。作为幼教工作者，我们旨在通过美术活动，培养幼儿的观察力、思维力、创造力及对美的感受力和表现力等，并注重美术在幼儿心理发展中的作用，促进其个性的发展。基于此，幼儿美术教育应遵循幼儿身心发展的规律，跟上时代的步伐，不断更新教育教学观念、改进教育教学方法、革新评价方式，切实提高幼儿美术教学的有效性。

### 1. 本课题在国内的研究现状

美术教育对幼儿成长和发展的作用是非常大的，近年来，越来越受到国内各教育部门的重视。在我国有部分地区的幼儿园开展了幼儿美术教学方面的研究，他们也探索了各种各样灵活多样的教学方法。例如：无锡市善德幼儿园开展了"幼儿园构建'亲亲自然'美术特色课程的实践研究"的课题研究，探索出让幼儿走进大自然的美术教学、美术游戏、园内的美术文化建设。另外，西安市碑林区幼儿园的"幼儿园美术教学多元化策略的研究"，内蒙古蒙西阳光幼儿园的"幼儿园美术活动教学策略浅谈"，吉林省和龙市八家子镇幼儿园的"农村自然资源走进幼儿美术活动"等研究中提出了利用经典作品进行熏陶、开设多元化民族艺术课程、挖掘家长资源、用麦秆作画、用游戏化方式进行美术教学等策略，这说明幼儿美术教学的方式方法也在不断改进。

2. 本课题在国外的研究现状

国外对美术教育活动十分重视，并以审美和创造为主，将美术和心理学、医学、教育学相结合，成为一种以美术施教，借美术来培养人的智力、情感、个性和创造力的教育活动。在教学方式上国外的美术教育活动也趋向多样化，已经不再是单纯地画画，更加入了其他的美术体系中不可缺少的一些形式。例如：在美国，大多数幼儿园可以做到不把美术课简单地当作一门纯技能的课来教，而是注重环境的创设和熏陶，让美术教育走进幼儿的日常生活，通过观察、触摸、实践来发展幼儿的感知能力，并引导幼儿安全地使用各种材料和工具来进行创作。在法国，美术教学主要是引导儿童进行视觉和色彩的探索，并注重引导幼儿进一步联想和实践体验。在日本，他们的主张是幼儿美术活动不在于教会幼儿画成一张或制成一件工艺品，不是为了培养未来的画家，而是应当培养创造才能和高尚情操。而英国当代著名的艺术教育家赫伯特里德提出：美术教育的根本目的在于为儿童提供丰富多彩的教育活动，使他们的人格得到成长。

**（三）课题研究的应用价值与学术价值**

1. 课题研究的应用价值

改变"单一化""模式化"的美术教学模式，形成创新的美术教育教学方法。如在五大领域教学中整合美术教育资源，从内容选择、活动形式、评价方式、材料运用中实施创新性教育，激发幼儿对美术创作的欲望，给他们自由，还其本色，使幼儿学会一个自我独立观察、感觉、组合、表达世界的方法。

2. 课题研究的学术价值

以培养幼儿创新实践能力为目标，让幼儿在五大领域和美术学习中学会学习，学会创造性表现，以美术带思维，从而得到生动、活泼、主动、全面、和谐的发展，让幼儿在美术活动中乐于创造、学会创造、合作创造、自主创造、独立创造。

对幼儿美术创新教育教学的研究，使教学内容多元化，教学形式多样化，教学手段科学化，能更加有效地带领幼儿在美术活动中感受美、体验美、表现美、创造美。从而开发幼儿的多元智能，达到综合能力的提高，为培养高素质的人才奠定良好的基础。因此，课题"幼儿美术教育创新性实践研究"的提出意义重大。

**（四）课题拟突破的重点、拟解决的关键问题及主要创新之处**

1. 拟突破的重点、拟解决的关键问题

（1）教学方法改变。通过实验，实现突破，抛开示范画的幼儿美术教学方法，丰富幼儿美术活动的形式，以创作为主，让幼儿自由发挥想象力，达到同一主题画出不同画面的效果，使幼儿的思想情感得以充分发挥。

（2）教师教育观念的改变。充分考虑幼儿发展的特点，以故事、游戏、体验等形式，丰富幼儿美术活动的方式，掌握美术活动的技巧和技能，增强对美术活动的兴趣和爱好。

（3）家长对幼儿美术作品评价观念的改变。家长以往对幼儿美术作品总是停留在"像不像""美不美"的层面，用成人的眼光去评价幼儿的作品。需要改变家长对幼儿美术作品的这种"功利心"观念。

2. 主要创新之处

形成创新的幼儿美术教育方法，改变以往单一的传统教学方法，对幼儿美术的教法进行创新，使教育内容多元化，教育形式多样化，教育手段科学化，能更加有效地带领幼儿在美术活动中感受美、体验美、表现美、创造美，从而开发幼儿的多元智能，使幼儿的综合能力得到提高，为培养高素质的人才奠定良好的基础。

**三、课题研究的对象、时间、目标和基本内容**

（一）课题研究的对象

本幼儿园的小班、中班、大班幼儿。

（二）课题研究的目标

（1）幼儿发展目标

通过实验，让幼儿在美术感受和体验中，调动头脑、嘴巴、耳朵、手脚等感官参与美术创新活动，发展其观察力、记忆力、想象力、创造力和形象思维能力，让美术活动成为幼儿爱玩的"游戏"，成为幼儿表达自己情感和认知的一种语言，成为启迪幼儿创造力的摇篮，使幼儿成为懂欣赏美术、运用美术的"小小艺术家"。通过美术教育创新性研究，开发幼儿的多元智能，促进幼儿的主动发展，为幼儿终身的美的情操培养和综合能力的培养奠定良好的开端。

（2）教师发展目标

通过实验研究，更新教师的教育观念，提升教师的美育意识，创新幼儿美术教育活动的形式，强化教师的科研意识，提高教师实施课题研究的能力，促进教师的专业成长。通过课题实验，进一步转变教师的教育行为，使教师真正成为幼儿学习活动的支持者、合作者、引导者。

（3）家长发展目标

通过实验研究，引导家长参与课题研究，提高家长参与幼儿园教育活动的能力，改变家长对幼儿美术作品评价的观念，增强家长对幼儿美术教育的重视，实现家园共育。

（4）幼儿园发展目标

通过美术教育创新性实验研究，提高幼儿园的保教质量和办园水平。在课题研究中科学地总结经验，探寻一条正确的科研之路，并借助课题成果，形成我园的美术教育特色，实现"科研兴园"的目的。

（三）课题研究的内容

1. 美术创新教育活动中不同层次幼儿的发展研究。

2. 探索美术教育创新性有效因素的研究。

3. 构建基于幼儿想象力的美术教育活动，提升幼儿个性化创作的研究。

4. 五大领域与美术创新融合的研究。

5. 家园互动，构建创新亲子美术活动的研究。

**四、课题研究的方法**

本课题主要以文献研究法、行动研究法、幼儿作品分析法、经验总结法、个案分析法为主，辅以观察法、调查法、比较法等作为研究手段。

1. 文献研究法：搜集幼儿园美术教学的相关理论、文件等，进行归纳、整理、领悟，作为本课题的观点依托和借鉴内容；从报刊、网络上查阅与本课题相关的研究资料，了解并掌握他人的研究成果，通过分析比较，进一步明确自己当前研究的起点。

2. 行动研究法：根据实际情况制定教学内容，设计各具特色的教学方案，并加以实践。研究幼儿的学习行为和学习过程，针对实际教育活动，不断提出改革意见和方案，充分了解有关情况，不断提出问题，及时总结分析，完善或修正方案。

3. 观察法：在自然条件下有目的、有计划地对观察对象及其行为进行考察、记录、分析，了解幼儿和教师在美术教学活动中的行为表现。

4. 比较法：对实验效果进行前期和后期的比较，对各年龄段孩子在不同时期内对美术的兴趣、能力和发展变化进行比较。

5. 经验总结法：分析评价美术活动的实效性，并不断总结经验，提升成为理论，写出经验总结性论文或研究报告。

**五、课题研究的步骤**

（一）第一阶段：准备阶段（2018 年 12 月—2019 年 6 月）

这一阶段，主要做好课题开展所需要的各种准备工作，为开展课题研究做好铺垫。

1. 精选课题组成员，拟定研究课题，进行课题申报工作。

2. 搜集国内外关于本研究课题的相关资料，认真学习、研究相关理论，做好相关笔记，制定课题研究方案。

3. 对幼儿的美术活动现状进行问卷调查、观察、测试，形成全体幼儿美术水平现状评估。

（二）第二阶段：实施阶段（2019 年 7 月—2021 年 4 月）

这一阶段，主要针对各个子课题内容，开展相关的课题研究，不断修正、完善研究方案，探索美术教育创新性的有效因素，美术与幼儿园各领域教学的有效融合等，形成阶段性研究成果。

1. 学习《3—6 岁儿童学习与发展指南》，进一步掌握相关理论，深入理解幼儿园美术教育的目标、内容与要求。

2. 选定实验班，进行为期一年多的教学实验。

3. 对实验班幼儿进行前测、中测、后测，进行数据分析。

4. 撰写课堂观察记录或教育教学笔记（至少 3 张，分前期、中期、后期）。

5. 撰写实验研究过程中发现的问题及解决方案。

6. 具体实施各个子课题的研究。

（三）第三阶段：总结阶段（2021 年 5 月）

这一阶段，主要总结各子课题的研究情况，汇总课题相关成果材料，如论文、课例、相册等，撰写结题报告，申请结题。

1. 针对每个子课题，做一节研究录像课。

2. 开展课题研讨会，总结各子课题研究情况。

3. 撰写课题研究成果论文，确保论文的原创与质量，获得县、市、省级奖项。

4. 总结、提炼幼儿，美术教学的案例、论文、课例、录像、相册。

5. 总结家园同步指导幼儿进行多样式亲子美术活动的成功个案。

6. 撰写课题实验报告。

**六、课题预期的成果**

**（一）主要研究阶段及阶段成果形式**

1. 准备阶段：课题开题报告、实施方案、计划。

2. 实施阶段：个案记录、分析报告。

3. 总结阶段：课题总结报告。

（二）最终完成时间、最终成果形式

1. 最终完成时间：2021 年 5 月。

2. 最终成果形式：实践研究报告、优秀教案、教育随笔、案例分析、论文。

## 七、课题研究的人员分工

主持人：陈红戈，具体负责课题统筹和资料收集工作；

吴东梅：美术创新教育活动中不同层次幼儿的发展研究；

成雪萍：探索美术教育创新性有效因素的研究；

陈颂媚：探索美术教育创新性有效因素的研究；

潘思攸：探索美术教育创新性有效因素的研究；

张雪：构建基于幼儿想象力的美术教育活动，提升幼儿个性化创作的研究；

沈之婷：五大领域与美术创新融合的研究；

刘林群：五大领域与美术创新融合的研究；

邱岑：家园互动，构建创新亲子美术活动的研究；

彭海眉：家园互动，构建创新亲子美术活动的研究。

## 八、课题研究的经费预算及设备条件需要

（一）课题研究的经费预算

本课题研究的经费预算是 15000 元，具体项目预算支出明细如下：

1. 图书资料费：1000 元；

2. 调研差旅费：2000 元；

3. 小型会议费：1000 元；

4. 计算机使用费及其辅助设备购置和使用费：6000 元；

5. 印刷补助费：1000 元；

6. 复印费：1000 元；

7. 购置文具费：500 元；

8. 咨询费：500 元；

9. 成果打印费：1000 元；

10. 其他费用：1000 元。

**（二）完成本课题研究的时间保证和资料设备等科研条件**

本幼儿园是一所文化底蕴深厚的公办幼儿园，是学前教育示范基地。十多年来，我园秉承"以德治园，质量强园，特色立园，科研兴园"的办园目标，一直重视教育科研工作，对此课题研究幼儿园给予高度的重视和有力的支持。

1. 确保充足的研究时间：每周有固定的课题研讨和开展活动的时间。

2. 本园给课题研究提供先进的充足的设施设备，如多媒体平台、投影仪、一体机、录像机、相机等。

3. 有独立的美工活动室，提供有大量的品种多样的操作材料，如编制类的、绘画类的、粘贴类的等。

4. 主持人具有较强的美术教育创新意识，多年来，其撰写的多篇美术学科的论文获省、市级的奖励并发表，个人的多幅美术作品获市级的奖励并展览。

5. 课题组成员都是幼儿园的年轻骨干教师，具备大专或本科学历，而且多年工作在幼儿教育教学第一线，有创新能力，有求真务实的科学态度和良好的团队合作精神，他们当中有经验丰富的、干劲十足的教师，对课题的研究充满信心和热情。

6. 课题组的主要成员中，有专业艺术学院毕业的美术教师，她具备美术方面的专业知识，拥有较高的美术素养，她本人多幅作品获得省、地级市的奖励，每年辅导的幼儿参加全国各类美术大赛多次获得一、二、三等奖，为课题研究提供了得天独厚的条件。

7. 幼儿园从人员方面提供有力的支持，并确保对该项目投入3—5万元资金，以确保项目的顺利完成。

8. 该项目得到教育局教研室专家的重视，在课题的实施和研究过程中能给予业务上的指导和帮助，为课题研究的顺利进行提供保障。

各位领导、各位老师，我相信，有我们教育局教研室各位领导的指导，有我园领导的关心和大力支持，有我们老师的团队合作、积极努力以及勇于探索、求真务实的科学态度，我们课题组全体成员决不辜负上级领导、专家的希望和厚爱，一定会用我们的敬业精神为幼儿园铺出一条科研之路。我们的课题研究一定会取得丰硕的成果，顺利结题！

## 基于幼儿想象力，提升幼儿美术个性化创作能力
### ——省级课题"幼儿美术教育创新性实践研究"专题报告

信宜市幼儿园　陈红戈

美术教育承担着启蒙幼儿审美感受力、鉴赏力、想象力、观察力和创造力的重要任务。单一的美术教学活动已越来越不能适应当今这个多元化社会了，更不能适应幼儿园发展的需要。我们要使幼儿美术教学内容多元化，教学形式多样化，带领幼儿在美术活动中感受美、体验美、表现美、创造美。从而开发幼儿的多元智能，促进幼儿的主动发展，为培养高素质的人才奠定良好的基础。

《幼儿园教育指导纲要（试行）》中提出："提供自由表现

的机会，鼓励幼儿用不同艺术形式大胆地表达自己的情感、理解和想象，尊重每个幼儿的想法和创造，肯定和接纳他们独特的审美感受和表现方式，分享他们创造的快乐。"《3—6岁儿童学习与发展指南》中也提出："幼儿艺术领域学习的关键在于充分创造条件的机会，在大自然和社会文化生活中萌发幼儿对美的感受和体验，丰富其想象力和创造力，引导幼儿学会用心灵去感受和发现美，用自己的方式去表现和创造美。"可见，在幼儿美术活动中，使幼儿发挥自己的想象力进行个性化创作非常重要。因此，本课题组按原计划进行了"构建基于幼儿想象力的美术教育活动，提升幼儿个性化创作的研究"的子课题研究。该子课题研究活动的开展与实施有序进行，并取得了一定的成效：

**一、通过各种方式更新教师们的教育教学理念**

俗话说："人们的思想意识决定着人们的行动。"教育需要实施者将丰富的理论知识和辛勤的实践相结合，要想有效开展该课题研究活动，首先要提高幼儿园领导和教师们的观念，丰富教师们的理论知识素养，深化教师们对开展该课题研究的重要性的认知，加强教师们进行相应研究的能力。只有大家的意识和能力提高了，才能在教育教学活动中正确引领幼儿，才能使研究有效开展，从而取得实效。

教师是直接影响幼儿的重要传授者，要想幼儿的创新思维得到全面发展，首先教师要有接受创新的观念。因此，培训教师是幼儿园的一项重要工作。教师必须在观念上克服传统的偏见，从根本上改变循规蹈矩、听话、会模仿的保守态度，引导孩子们大胆创新。

（一）通过讲座或会议培训，向教师传达相关教育教学理念

（二）给教师们购买相关书籍，让大家阅读学习

（三）课题组成员常常组织研讨，总结反思，推进各项研究工作的进行

## 二、创设多元化的美术环境氛围

环境对一个人的影响是巨大的，它能不知不觉地改变人、塑造人。苏霍姆林斯基曾指出："孩子在他们的周围，在学校走廊的墙壁上，在教室里，在活动室里，经常看到的一切，对于他们精神面貌的形成具有重大意义。"优美的环境会传递给幼儿各种信息，对幼儿欣赏美的能力产生刺激，使幼儿受到潜移默化的影响，由此提高幼儿对美的感受能力。因此，我们非常注重美术氛围的营造，我们有目的地对幼儿环境进行了布置，努力为孩子们创设多元化的美术环境氛围。

（一）在校园内创设浓厚的美术氛围

幼儿园在大厅、走廊、墙壁、楼梯道等公共环境创设了丰富的多元化美术元素。入园门后的通道两旁的围墙上，用各种线条

装饰画布置成了天空和大海，使孩子从线条画带来的震撼中感受到浓浓的美术氛围。各班的走廊、天花板上，由教师和孩子们充分发挥想象，分别构思一个特色主题，充分运用大自然材料、废旧材料、本土特色材料、美术材料等，去设计装饰成一个个充满艺术氛围的美术殿堂。

（二）在班级内外营造自然的美术环境

为了充分营造美术氛围，我们班级在物品设备摆放、空间布置、墙面装饰和区角的美化上都精心设计，使其体现出美的原则和规律。例如在教室创意美工区摆上各种各样的材料和工具，让孩子们可以自由选择材料进行美术创作活动，用不同的材料进行绘画、加工、粘贴、造型等，发展幼儿的想象力、思维能力、动手能力等，同时利用这种美术环境对孩子们进行美术创作的熏陶。

又如在教室后墙壁专门留一个版块，作为美术作品的展示。各班根据不同的主题和材料，教师和孩子们把作品展示在上面，既装饰了墙面，又加深了孩子们对美术多元化的感受。

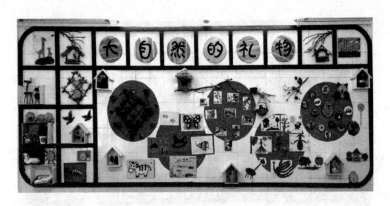

（三）开设充满艺术感的美术室

美的艺术环境，不但能使孩子感受美、观察美，也能激发孩子表现美、创造美。因此，美术室应该营造一个富于美感、有视觉刺激的艺术环境，激发幼儿表现和创造的热情。本园设立了一个专门让孩子在里面创作的、充满了艺术氛围的美术室。美术室由课题组成员、美术专业毕业的陈老师负责管理。陈老师会根据孩子们的特点和课题研究内容的需要布置美术室的环境，更新美术室的材料，以及根据孩子们的年龄，选择适合他们的美术创作方式，引领孩子们进行美术创作。丰富、专业的材料，充满艺术感的美术氛围，支持着孩子们的自主创造，让孩子们能够体验不同的美术表达形式。孩子们在艺术氛围的熏陶中，在与材料的互动中，感受各种艺术创造带来的乐趣，碰撞出无限创作的火花。

### 三、开展"基于幼儿想象力，提升幼儿美术个性化创作能力"主题教学活动

教师要具有独特的创造意识，才能培养出有想象力、有创造力的孩子。课题组成员带领本园教师分别从创新教学形式、创新教学方法、利用本土资源、投放多种材料、创新工具等方面进行深入的探索与研究，进行了如下一系列丰富多彩的主题教学活动，使美术活动课堂千姿百态。孩子们在多种美术材料的使用中，在多种活动形式的交换中，在自由的构思中，不断活跃思维，个性化创作能力得到有效提升。

（一）开放式的教学

在教学画小动物的美术活动时，老师定一个主题"小动物与我"，在活动前让小朋友先在家里或者让家长带去观察一些小动物。在活动课上，老师先询问幼儿："大家喜欢小动物吗？你最喜欢什么小动物？你最害怕哪种小动物呢？"小朋友纷纷表达自己对小动物的看法，随后教师采用开放式的教学："大家都有自己认识的小动物，那么，请大家以'小动物与我'为主题，将自己喜欢的，或者不喜欢的，又或者是你最害怕的小动物画在画纸上。"这样，孩子们可以以任何一种形式表达出来，充分发挥自己的想象力。绘画没有对与错，在于释放幼儿的一种情怀，让幼儿在一个更轻松的氛围中画出自己想表达的事物。

（二）抓住主要特点后扩散思维

在画大树时，教师提前让家长带幼儿到大自然中参观各种各样的树，在观察过程中引导幼儿重点注意树的特点，如主树干比树枝粗，小枝条生长在树枝上，枝条上长有树叶或花果等，让幼儿在仔细观察的过程中记住树的主要特征，然后教师在活动课上介绍各种树木的生态功能和对人们的用处，这样提升幼儿对树木的感性认知。然后根据各位幼儿的感知情况，让幼儿发散思维。抓住主要特征后，其他的表现就让幼儿自由发挥，使得幼儿最终创造出的美术作品各有特色。

（三）带着问题进行绘画

美术活动不能只为了画而画，在活动中要结合个人的思考，例如在画一架飞机的课堂上，教师除了教幼儿用不同的方式画出各种各样的飞机外，还可以引导孩子们渗透自己的思考和想象。如可以通过什么方法表现出飞机飞得很高呢？孩子们就会根据自己的经验和见解，发挥自己的想象，有的在飞机下面画上一座座大山，有的把飞机画在太空……

### （四）轮流添画，联合创作

在教幼儿画一些较为复杂的画时，老师们采取让孩子轮流添画的形式，让孩子们分成几组同时进行，根据各组的内容一个个轮流上来在事前准备好的底板上自行添加，这样几轮下来，一幅丰富且充实的画作便能顺利地完成，而且，幼儿们对这种添画方式非常期待和感兴趣，对于他们来说就像在玩接龙游戏一样。或者，老师们准备一个长卷，让幼儿联合创作。这些形式都能激发起幼儿创作的激情，进而让幼儿积极地参与到作品的创作之中。

### （五）回归天性，竞赛作画

抓住幼儿们好玩、爱比赛等天性，在各种美术教学中穿插各种体现幼儿天性的游戏活动。如在撕贴活动中，首先为幼儿们准备一些平常的纸张以及胶水等，让幼儿不受束缚，随意地撕纸；然后再进行一场激烈的粘贴比赛，看谁贴得最牢固、最多；最后再玩趣味无穷的"魔法变变变"游戏，让幼儿对其粘贴的内容展开想象，想象成各种动物、植物、食物、人物、玩具都行，然后进行大胆的涂色和修剪，看谁变得最与众不同，最有创意。另外，还可抓住幼儿们爱唱、爱跳、爱模仿、爱扮演等天性，在美术教学活动中融入各种情节扮演的环节，让幼儿们在课堂中尽情地想象、创作，以此增添活动的趣味性，激发学生参与的积极性。

### （六）引用故事，巧设美术活动

故事是孩子们最喜爱的形式之一。老师们抓住孩子们喜爱听故事、讲故事的特点，把故事与美术相互整合，引用各个生动有趣的故事，巧妙地设计美术教学的主题，让孩子们在听故事的同时，爱上美术活动。例如，老师们利用《三只小猪》的故事设计了"三只小猪"系列美术活动：首先设计水粉画活动：提供一个大盒子，让孩子们用水粉在盒子上画上森林、草地和小河，把盒子绘制成一个美丽的森林；接着设计粘贴活动：提供各种颜色的卡纸，让孩子们剪、折、贴成小桥、大树和小草、小花，丰富森林背景；然后设计手工制作活动：提供稻草、木板和小泥砖，让孩子们做成三间不同材质的小房子，把它们放置在森林里，完善故事的情节；再接着设计泥工活动：提供彩色的橡皮泥，让孩子们搓、揉、捏，做成可爱的小猪和凶恶的大灰狼；最后就让孩子们把所有故事里的角色都投放在大盒子里，变成一个"三只小猪"的完美故事盒。这样的美术活动充满了趣味和期待，孩子们非常感兴趣，非常喜欢参与，每人都想把自己的故事盒装饰得漂漂亮亮。

（七）同时投放多种材料，创作多种形式的画

美术创作是自由的，应追求不拘一格的绘画方式，提倡个性发展。活动中给孩子们提供多种材料，任由孩子根据各自的创作灵感自由选择材料进行创作。如在进行"美丽的相框"这个活动时，提供了黏土、卡纸、颜料、画笔、胶水、扭扭棒、小纽扣、瓦楞纸等材料，让孩子先想好自己喜欢哪一种类型的相框，再根据自己的喜好选择主要的材料进行装饰，再选择其他的小材料进行搭配。如此一来，孩子们做出的相框形式多样，有用线条装饰的，有用卡纸装饰的，也有用黏土装饰的，也有用多种材料综合装饰而成的，每一款都非常独特、漂亮。

又如在进行"水彩笔大变身"这个活动时，只是提供了水彩笔，其他搭配的材料都是日常生活中的废旧物品，如泡沫、纸盒、易拉罐、纸巾筒等。孩子们经过一番思考，在剪剪贴贴、涂涂画画中，用水彩笔和泡沫变成的大狮子、用水彩笔和纸巾筒变

成的小推车等作品就诞生了，作品形式多样，活动效果非常好。

## （八）创新绘画工具和材料，创设新型美术课

绘画工具材料还可以从大自然中寻找。例如在给小朋友上关于大自然风景的绘画活动课上，可以定一个"我喜欢的景色"主题，提前让家长们和孩子们准备，让孩子们在生活中、在大自然中随意寻找、选择自己喜欢的绘画工具，甚至尝试走进大自然中寻找身边的"神奇画笔"，将自己喜欢的景色用自己喜欢的形式表达出来。这样，可以充分刺激孩子们的创作欲望。有些幼儿用沙子涂上颜色粘贴在画纸上，有些幼儿把老师的彩色粉笔磨成粉末洒在画纸上，有些幼儿用手掌抹上颜料再在画纸上涂画，有些幼儿捡来一些树叶粘贴或者弄成碎片涂贴。小朋友们创意百出，用丰富多彩的工具或材料表现出各种优美景色。

## （九）利用本土资源，设计本土特色美术活动

信宜本土资源非常丰富，有很多竹制品，还有很多岭南佳果，也有很丰富的旅游资源和很多特色小吃等。利用本土资源，激发幼儿想象空间，提高幼儿制作能力，在诱发幼儿想象力、提高审美和创造能力的同时，使幼儿的心灵在美妙的美术活动中得到和谐发展，让幼儿创作出来的美术作品更具本土特色。

竹子、麦秆、三华李、山楂、柿饼、粉皮、飘色、六双花灯是信宜比较突出的资源和文化，引入这些资源到我们的美术教学活动中，让幼儿利用这些本土的资源，创作出了特有的美术作品，如幼儿们用竹筒绘制的各种装饰性非常强的吊饰、用竹片编织的小花篮和小杯垫、用水粉画的三华李花、用橡皮泥捏的柿饼、用线头装饰做成的特有的六双花灯等等。

## 附部分主题教学活动剪影:

### 四、美术与各个领域相互融合

　　美术教育不是独立进行的。《幼儿园教育指导纲要（试行）》提出了幼儿园教育的"全面性""整体性"和各学科教育内容的"相互渗透"。因此，我们把美术活动与五大领域学科知识融合起来，在各科活动中渗透美术教育，开阔幼儿的审美空间，有效促进幼儿的个性化创作能力的发展。

　　如在数学活动中，让幼儿一边进行手工剪贴、一边数数，或者自己创设情境绘画进行应用题创编，又或者用图形添画变成生活中的物品来加深对图形的理解等等，让孩子们在玩玩做做中掌握数学方面的知识。在语言活动课中，通过画儿歌内容、画故事内容，让孩子既动手又动脑，通过自己的理解去绘画，再根据自己画的画讲述儿歌或故事的内容，不但容易理解儿歌和故事的内容，更提高了绘画能力和语言表达能力。在社会活动中，教育孩子们遵守生活中的规则时，先让孩子们注意观察生活的点点滴滴，再让他们在课堂上画出受感触的人或事，这样，他们就会用稚嫩的画笔将自己心中的感受表现出来，配合孩子们的讲述，从而显现出生活中一幕幕令人感动的瞬间，或是令人讨厌的事情等等，教师便可以结合生活进行社会知识教育。在体育课上，需要一些头饰或工具进行配合游戏时，可以提前让孩子们自行制作，增加孩子们的参与度，从而提升他们参与体育活动的兴趣性。

**五、该专题研究取得的成效**

（一）幼儿方面

通过投放各种美术材料、开展形式多样的美术活动，激发了幼儿美术创作的欲望，增强了他们对美术活动的兴趣，提升了他们的美术个性化创作能力。幼儿对美的感受力、表现力、观察能力、审美能力、想象力以及创造力有了明显的提高，促进了幼儿综合素质的发展。随着课题的深入开展，幼儿的思维变活跃了，学习的主动性、积极性充分焕发出来了，使用美术工具更熟练了，创作时更大胆了，性格也变得更加开朗乐观了。小朋友们在市级和省级组织的绘画比赛中取得了可喜的成绩：2019 年 6 月，在信宜市中小学（幼儿园）师生绘画比赛中，邱炜函等三位幼儿获得一等奖，雷茵茵等六位幼儿获二等奖；2019 年 12 月，在广东省教育厅组织的"扣好人生第一粒扣子——我的中国心"绘画活动中，梁景富和李炜瑶的美术作品均获得三等奖；2020 年 4 月，在茂名市中小学生（幼儿）消防主题绘画比赛中，李柏成的美术作品《最美飞行员》获得二等奖，陈祉华的作品《森林灭火队》获得三等奖。

（二）教师方面

通过实验研究，提高了教师实施课题研究的能力，促进了教师的专业成长。教师的科研意识得到了提高，课题研究让教师由被动学习转变为主动学习，形成了研究和学习相结合的习惯。在该课题的专题研究过程中，课题组成员坚持定期举行例会，学习理论，制订课题研究计划，设计美术教学活动方案，制作教具、学具，搜集各种美术材料，开展公开课评比、论文评比和案例设计评比等活动。经过课题研究，教师的教育水平和科研能力明显提高。课题组成员的多篇相关论文、美术活动课例被刊登或获得省、市级奖项，多位教师荣获美术作品比赛"优秀辅导教师"称号，主要有：

1. 主持人陈红戈撰写的论文《幼儿园美术教育创新性的有效开展策略》2020 年 9 月刊登在《儿童与健康》，国内统一刊号：CN61-1258/R，国际标准刊号：ISSN1004-969×。

2. 组员成雪萍撰写的论文《提升幼儿园美术教学趣味性的有效策略》发表在《学校教育研究》2019 年 10 月下半月刊，国内统一刊号：CN41-1055/C，国际标准刊号：ISSN1003-5001。

3. 成雪萍撰写的论文《提升幼儿园美术教学趣味性的有效策略》获茂名市 2019 年学前教育优秀论文评选一等奖。

4. 成雪萍撰写的论文《提升幼儿园美术教学趣味性的有效策略》获信宜市 2019 年学前教育优秀论文评选二等奖。

5. 张雪撰写的论文《让幼儿在美术创造性思维的天空中翱翔》获信宜市 2019 年优秀教学论文评比活动学前教育科二等奖。

6. 2019 年 10 月成雪萍撰写的论文《提升幼儿园美术教学趣味性的有效策略》获中国人生科学学会教师发展专业委员会的教育教学论文评选一等奖。

7. 2019 年 11 月成雪萍撰写的论文《提升幼儿园美术教学趣味性的有效策略》获广东省教育学会学前教育专业委员会年会论文评选二等奖。

8. 2019 年 11 月张雪撰写的论文《让幼儿在美术创造性思维

的天空中翱翔》获广东省教育学会学前教育专业委员会年会论文评选三等奖。

9. 2019 年 11 月陈颂媚撰写的论文《利用美术活动培养幼儿爱家乡情感的有效策略》获广东省教育学会学前教育专业委员会年会论文评选三等奖。

10. 2019 年 11 月刘林群撰写的论文《幼儿园主题活动与美术创新性的融合》获广东省教育学会学前教育专业委员会年会论文评选三等奖。

11. 2019 年 11 月潘思攸撰写的论文《信息技术与幼儿园美术教学活动的融合研究》获广东省教育学会学前教育专业委员会年会论文评选三等奖。

12. 2019 年 11 月成雪萍的美术活动公开课《好饿的毛毛虫》在 2019 年茂名市青年名师培养对象送课下乡活动中现场展示，受到一致好评。

13. 2019 年 7 月刘林群的美术活动教学设计《我爸爸》在信宜市 2019 年举行的优秀教学设计评比活动中，荣获学前教育幼儿美术科一等奖。

14. 成雪萍和陈颂媚在 2019 年茂名市中小学（幼儿园）消防主题绘画活动中获得优秀指导教师称号。

15. 邱岑在 2019 年广东省教育厅组织的"扣好人生第一粒扣子——我的中国心"绘画活动中获得优秀指导教师称号。

16. 潘思攸在 2019 年信宜市中小学（幼儿园）师生绘画活动中获优秀指导教师称号。

# 第三节　以"培"促提升

三年期间，工作室组织学员参加了一系列专家的培训，以学员实际工作中的困惑或兴趣为方向，携手高校专家、一线名园长或名教师开展了一系列专业讲座、跟岗等形式的培训。

## 培养研修手册

每次的学习研修，工作室都为学员准备相应的研修手册，研修手册包括"致学员的一封信""学员须知""培训方案""研修安排"等详细信息，它是一份指引，同时也记录了学员们学习的痕迹。

以某次研修培训手册为例，分享工作室的研修手册，供大家参考使用。

### 第一部分：致学员的一封信

**一、珍惜学习平台与机会**

杜威先生说："一个人离开学校之后，教育不应停止。"好教师、好园长不应该仅仅停留在讲爱、说奉献的原点，还应该是站在知识前沿，拥有广博的知识和宽阔胸怀视野的引路人。因此，珍惜这次思想交流、知识提升的机会吧！您积极的学习态度会使学习效果事半功倍，同时也会激发其他学员思想的火花，启动自我成长、提升的开关，让自己成为学习的主人。

**二、奉献您的智慧与魅力**

工作室是一个学习的共同体，这里就像一个共享资源库，如果每个人都愿意展现自己的深刻想法和见解，愿意分享自己的丰富教育教学经验，那么，每个人都奉献了一份，同时也会收获更多的宝贵的资源。工作室也是一个生活的共同体，我们走在一起就是一个团队。在培训学习期间，请您时刻向身边的人展露您的微笑，体现您独特的人格魅力，或幽默风趣、或明朗干练、或温暖贴心……让这个团体少点躁动，多点温暖。

**三、勇于担起责任与压力**

学习培训期间，工作室的每位学员都会承担相应的学习任务、班委工作，希望您能意识到这不是"痛苦"，而是肩负的责任与压力。"看到"不是最终的目的，在工作室的引领中"体验式浸润"，通过各种形式不断自我反思、实践，为自我搭建更高的平台，成为其他幼儿园的引领和示范才是我们的追求，而这与责任、压力相伴。

# 第二部分：学员须知

**一、学习**

**（一）学习地点**

茂名市第二幼儿园内，具体位置以培训活动安排表为准。

**（二）学习纪律**

1. 请学员凭学员证出入幼儿园，培训结束后将学员证归还给班长。

2. 培训中，请将手机设为振动或关机状态，不要随意走动，影响他人。

3. 活动期间，请严格遵守考勤制度，提前 5 分钟进入指定地点，有特殊情况须向工作室主持人请假。

4. 学习研讨需要您带上您的手提电脑。

## 二、用餐

根据工作室的实际情况，学员的早餐、午餐、晚餐由学员根据自身实际需求，自选学习地点周边的餐饮店用餐。

## 三、住宿

地点：××××。

## 四、其他

根据广东省培训专项资金管理办法的相关规定，本次培训经费由工作室按相关文件列支，工作室统一安排住宿。

# 第三部分：培训方案

## 一、培训目的

1. 加强培养对象的交流，共同搭建工作室平台，相互启发，共同分享，整合优质资源，发挥引领示范作用。

2. 进一步提升现代幼儿园教育教学管理的能力和水平。

3. 提高培养对象的专业水平，造就一支职业道德素养高、业务精良、适应学前教育改革与发展需要的专家型园长队伍。

## 二、培训对象

广东省吴木琴名园长工作室学员。

## 三、培训时间及报到地点

（一）培训时间

××年××月××日—××月××日（共×天），×日上午××：××报到。

（二）报到地点

××××

## 四、培训内容及形式

**××年广东省吴木琴名园长工作室跟岗培训活动（第×期）安排表**

| 日期 | 时间 | 培训内容 | 形式 | 专家/主持人 |
|---|---|---|---|---|
| ××月××日 | ×××× | ×××× | 研讨 | ×××× |
| | ×××× | ×××× | 跟岗 | ×××× |
| ××月××日 | ×××× | ×××× | 讲座 | ×××× |
| | ×××× | ×××× | 座谈 | ×××× |

### 五、考核要求

**（一）考勤（20%）**

培训期间，学员旷课，取消工作室学员资格；因特殊原因不能参加的学员，须向工作室主持人提出书面请假申请，但请假不得超过2天。

**（二）作业要求（40%）**

1. 共同完成一篇培训简报，图文并茂记录培训活动的要点亮点。

2. 完成培训期间的研修日志。

3. 每人完成一篇个人心得体会。

4. 提交个人三年成长规划。

5. 完成网络平台的研修任务。

**（三）学习表现（40%）**

主动参与学习活动，主动发言，积极主持或协助工作室的任务。

## 六、成员名单

（一）广东省吴木琴名园长工作室成员名单（详细的联系方式能为学员间的联系提供便利）

| 序号 | 姓名 | 电话 | 单位 | 备注 |
|---|---|---|---|---|
| 1 | xxxxx | xxxxx | xxxxx | xxxxx |
| 2 | xxxxx | xxxxx | xxxxx | xxxxx |
| 3 | xxxxx | xxxxx | xxxxx | xxxxx |
| 4 | xxxxx | xxxxx | xxxxx | xxxxx |
| 5 | xxxxx | xxxxx | xxxxx | xxxxx |
| 6 | xxxxx | xxxxx | xxxxx | xxxxx |
| 7 | xxxxx | xxxxx | xxxxx | xxxxx |
| 8 | xxxxx | xxxxx | xxxxx | xxxxx |

## 第四部分：附件

### 研修日志

| 培训主题 | | 培训方式 | |
|---|---|---|---|
| 主讲教师 | | 培训时间 | |
| 培训内容 | | | |
| 我的反思 | | | |

工作室建室三年以来，在省内外举行了共 16 次培训，线下和线下相融合，"请进来、走出去"相搭配，学员的足迹涉及苏

杭、青岛、广州等地，边走边思，一次培训、一次收获，一次学习、一次积累。我们可以从以往的培训学习报道以及学员历年的培训学习心得中，感受大家一起追寻教育真理走过的那些路。

# 培训学习报道

①取百花之蕊，酿甘甜之蜜——广东省吴木琴名园长工作室入室学员研修纪实

②汲高端理念，促专业素养提升——广东省吴木琴名园长工作室赴青岛研修活动之专家讲座篇

③学无止境湛江情，不忘初心报茂名——广东省吴木琴名园长工作室入室成员培训

④更多活动报道，可以扫工作室公众号二维码

# 培训学习心得

工作室每年开展专题讲座、跟岗学习、读书分享等培训，学员在学习中收获，在收获中成长。

## 学习正当时
### ——2018 跟岗体会
#### 高州市根子镇中心幼儿园　陈华

"闻着花香，沐着阳光，牵手体验多彩的世界。"在这金秋送爽的十一月，广东省吴木琴名园长工作室终于迎来了翘首以盼的第一期跟岗培训学习。来自不同地方的学员、专家、团队助理怀揣着共同的憧憬与梦想相聚在了紫荆花开的新湖公园畔。

**一、掀起红盖头，共登诺亚方舟**

简单而隆重的揭牌仪式在茂名市第十六期学前教育"直播课

堂"教研活动中进行。吴木琴园长在致欢迎词时明确表示，广东省吴木琴名园长工作室的目标是要凝聚一种团队文化，展现一种个人风采，帮扶一批幼儿园，梳理一些实践成果，造就一支专家队伍。

**二、以"理"养素养，促专业**

要提高教育教学管理水平，首先要提高理论水平，要掌握最先进的教育教学理念。广东省吴木琴名园长工作室在这次研修活动中邀请了华南师范大学学前教育系的周念丽教授、岭南师范学院教育科学学院学前教育系主任徐宝良教授、茂名市第二幼儿园的广东省特级教师江辉、广东省名教师工作室主持人吕红青等人，开设了一系列高水平、高质量的专题讲座。知识渊博、经验丰富的专家们以其淳厚的人格魅力、深厚的学识素养，用生动的语言、鲜活的例子，让学员们在轻松愉快的氛围中，解决了困惑，掌握了理论知识，并博得了一阵又一阵的掌声。

**三、以"观"拓视野，促改进**

在主持人吴园长的带领下，五位学员共同参观了茂名市第二幼儿园的园貌布局，共同参加了幼儿园的科技节闭幕式，共同观摩了分别由青年教师苏小敏老师和成雪萍老师执教的两节课例。特别是使人兴致盎然的生动有趣的科技节，让许多学员灵感大发，纷纷发表了自己的看法，并表示找到了开展活动的方向。

**四、以"讨"找差距，促发展**

只有思想与思想的碰撞，才能擦出理想的火花。在短短五天的研修里，开展了五次时间长短不一但深度一致的研讨会。在研讨会中，学员们根据讲座的理论知识或课例分析，结合教育现状和本园实际进行了激烈的讨论。在讨论过程中，学员们既看到了自己的优点，又认清了自己的短板，更明确了自己要努力的方向。

第一期的培训结束，吴木琴园长对学员们提出了深切的要求与期望，她希望学员们回去后能立足自己本身实际，结合当前形势，为自己规划一个属于自己的三年发展蓝图，能为自己的理想而奋斗，同时能感染和帮助到更多的园长或幼儿园，实现共同进步。

陶行知先生曾说过："教育为公，以达天下为公。""一枝独秀不是春"，我们知道在名园长工作室的荣誉背后我们承担着更大的责任。我们相信在吴木琴名园长的带领下，通过全体人员的共同努力，通过茂名幼教人的共同努力，茂名学前教育的走向将更加健康、蓬勃。

## 终觉浅，要躬行
### ——2019 跟岗体会
高州市根子镇中心幼儿园　陈华

"草树知春不久归，百般红紫斗芳菲"，今年茂名新湖公园的春天来得早又好。草长伴着莺飞，花红衬着柳绿，朝气蓬勃的春天，既孕育了幼芽，也孕育了新的希望。"悦享智慧·跃想未来"园长论坛之广东省吴木琴名园长工作室暨茂名市吴木琴名园长工作室跟岗培训学习活动也带着春天般的温暖在3月25日拉开了帷幕！二十五名学员带着喜悦与憧憬又回到了吴木琴名园长工作室这个温暖的大家庭里。

**一、齐聚首，共欢畅，寄厚望**

吴木琴园长亲自主持了此次开幕式活动，并以生动有趣的分组分享形式破冰。在开幕式上，吴木琴园长用谆谆的话语向学员们寄予了深切的厚望，她希望学员们能"来得安心，学得开心，住得放心"，在短暂的学习时间里能沉淀内心的浮躁，能学到新知识，能积累到好经验，共同促进成长。学员们十分感动，纷纷表示要珍惜短暂的时间，认真学习探讨，不辜负吴园长的厚爱。

**二、精彩讲，认真学，求上进**

上午是经验丰富、德高望重、个人综合能力极强的信宜市幼儿园园长陈红戈的讲座"精细化管理打造精品幼儿园"。讲座从"和乐"文化体系、科学选材等方面综合概括，从班子建设、规章制度、后期保障、教师培训、家园共育精细化等细节深入阐述，通过自己的大量一线管理个案，深入浅出，让大家醍醐灌顶，受益匪浅。

下午是能文能武、如沐春风、亲和力极强的信宜市教育城幼儿园园长张萍的讲座"阳光文化引领，打造特色幼儿园"。讲座从幼儿园管理理念、阳光管理、阳光团队、阳光体育、阳光宝宝评价体系等方面进行生动有趣的讲述，加上栩栩如生的管理例子，让大家豁然开朗、茅塞顿开，更让大家深切感受到打造特色幼儿园是一件"苦并快乐着"的事情。

讲座结束后，大家围绕讲座主题，纷纷发表自己的见解与感受，通过自己身边的一线实际材料展开阐述讨论，既接地气，又符合实际，还能一下子抓住管理的关键点，同时又能马上解决自己园所存在的矛盾或困境，大家讨论的热情高涨，直到很迟都没办法停下来。

**三、论不绝，终觉浅，要躬行**

跟岗活动开展得这么成功，主要得益于这次培训活动的主题及目标既清晰又深刻，还很接地气。这次以"悦享智慧·跃想未来"为主题的园长论坛的主要目的是：加强培养对象的交流，共同搭建工作室平台，相互启发，共同分享，整合优质资源，发挥引领示范作用；进一步提升现代幼儿园教育教学管理的能力和水平；提高培养对象的专业水平，造就一支职业道德素养好、业务精良、适应学前教育改革与发展需要的专家型园长队伍。

## 欲穷千里目，更上一层楼

### ——2020 年跟岗体会

#### 高州市根子镇中心幼儿园　陈华

"三更灯火五更鸡，正是男儿读书时"，10 月 13 日至 17 日，广东省吴木琴名园长工作室召集工作室成员伴着爽爽的秋意，开展了新一轮跟岗研修活动。在这次研修活动中，我对课题研究和奥尔夫音乐有了更深刻的认识。

**一、摘取他人苹果，共享知识芬芳**

几天的活动中，茂名市第二幼儿园吴木琴园长、陈洪樱副园长及陈丽雅副主任先后对自己的广东省中小学教育创新成果奖获奖课题进行了经验分享。她们从课题研究的背景、选题、课题的开展与实践、课题的成果整理等多方面层层渐进地进行了详细的阐述，更让我们明白了课题研究的重要性。首先，课题研究是促进幼儿教师自主学习的有效途径。课题研究对于每一位教育工作者来说都是非常重要且具有现实意义的，我们幼儿教师作为幼儿的指路人，就要通过对课题的不断研究来提升自身修养和专业素质。其次，课题研究能为我们幼儿教师专业化提供有效资源。课题研究是一种面对面的交流，相对于其他书籍或视频，它可以更有效地通过专家、教授来获取重要资源，是一种提高幼儿教师专业水平的高效手段。

除此之外，我更深刻地认识到在课题的选题上，忌"大"忌"空"，要从细节处着眼，才能解决实际问题。同时课题的设定与发布要调节好大课题与小课题的衔接。通常大课题集中关注的是教育政策和教学规律，一般都是与教育决策或者战略有关的宏观研究；而小课题关注的则是幼儿教师在实际教学工作中的各类问题，是以实际问题为调研基础，进行水平导向的微观研究。因此，在选题与研究中，要注重使课题研究的宏观与微观相配合，在层次分明的前提下又相互融合，衔接顺畅，实现有效过渡。

**二、观摩探讨，共同进步**

在本次跟岗研修活动中，我们还观摩了茂名市第二幼儿园的环境创设、运动方舟早操、体育课例展示活动、特色区域游戏活动和奥尔夫音乐教学活动等。极具古典韵味的环境创设，激情四射的早操，栩栩生动、趣味无穷的体育课例展示，还有现场气氛活跃的奥尔夫音乐教学活动……无一不让我们叹为观止，并在心灵深处产生共鸣。

我深深地感受到在幼儿园培养一名名师比园所创设更重要。我们都知道幼儿教育是为一个人的学习和发展做准备的教育，是为终身学习和发展奠定良好基础的教育，幼儿就是在幼儿老师的影响下，形成良好的习惯。这就对幼儿老师提出了极高的要求，一个名师不仅要有专业的知识和技能，更重要的是要细心、有爱心、责任感，以及有高尚的品德和人格。一名名师需要自身的素养高，对课堂活动的设计、对孩子的关注度、对环境的预估、对孩子的掌控等方面的把握能力强。循循善诱、春风化雨，老师的举手投足、言行举止都时刻影响着孩子！

看到市二幼的老师，我的心中便有了榜样，我更看到了光亮，我想我应该以此为契机，回去好好地利用课题研究的开展，制定适合老师发展的计划，以此培养更多好老师，为我们的幼教出一份力。

## 学习，一直在路上

### ——记广东省吴木琴名园长工作室赴杭州研修活动

#### 高州市第一幼儿园　潘颖

距离挡不住学习的脚步，2018 年 12 月 1 日至 4 日，广东省吴木琴名园长工作室的学员们跟随着工作室主持人吴木琴的脚步，前往杭州开展了为期四天的研修活动。本次研修活动，旨在使大家开拓视野，提升素养，学会合作，聚焦智慧，促进成长，培训之后能以崭新的面貌、先进的理念，积极投入教育教学改革，为学校特色发展做出更大的贡献。此次研修主要采取专题理论讲座和现场参观体验的方法，现将此次研修心得体会总结如下：

在专题讲座环节，安排了学前教育的公平与质量、幼儿园课程规划、儿童心理学、音乐（美术）课堂的有效设计与实施 4 个模块的内容。幼儿教育专家、北京师范大学中外教育比较研究培训中心主任霍力岩做了"学前教育的公平与质量"讲座，在报告中，霍力岩主要以中共中央国务院《关于学前教育深化改革规范发展的若干意见》为导向，分享了关于我们国家未来学前教育的公平与质量的问题。为了解决公平问题和质量问题，为进一步完善学前教育公共服务体系，切实办好新时代学前教育，更好地实现幼有所育，霍教授主要从公平与质量这两个视角解读了导向问题、公平问题、质量问题、监管问题 4 个方面的内容。

学前教育学学科带头人丁海东教授在报告中强调，幼儿园一切科学的课程规划与创新，无不以追求儿童健康成长、和谐发展为最终目的和最终的价值定位。课程规划和创新一定不能放弃"儿童中心"这样一个立场。

此外，儿童发展心理学家、浙江大学教育学院课程与教育研究所所长徐琴美教授，中国科学院心理研究所博士、教授关梅林，北京市东城区新中街幼儿园特级教师梅建宁分别做了专题讲座，就学前教育的重要议题进行了阐述。与会人员对专家们目的精准、内容精粹、讲述精彩、课件精致的专题报告给予了高度赞赏。

此次培训将理论教学与现场参观相结合，在考察研修环节，学员们赴杭州市几家知名幼儿园参观，聆听他们诠释关于幼儿园环境的设计理念。幼儿园里处处是风景，仿佛置身一个大公园，绿树成荫，欢声笑语，有休息区、幼儿活动区、丰富多彩的主题功能室，给孩子们提供了高操作性的条件。参观过后，大家聆听了各园长对园本课程的介绍，无论是什么课程，都主张提供给孩子们不断思考和探索的机会，让孩子们体验一次又一次灵光一闪的时刻，从而培养创新的思维习惯。霍教授给予了幼儿园"在外行眼中奢华、在内行眼中专业，顶层的设计、细节的用心"等高度的评价。

四天的研修活动结束了，学员们在一系列的学习、讨论和交流中开阔了视野，提升了教育理念，备受启迪，收获满满！学员们表示，一定将此次的收获学以致用，用在自己的工作实践中，不忘初心，带着使命努力前行。

## 潜心学习，不虚此行
### ——记 2019 广东省吴木琴工作室赴广州研修心得体会
#### 高州市第一幼儿园　潘颖

2019 年 6 月 14 日至 19 日，我有幸跟随着吴木琴工作室赴广州参观学习。短短的几天时间，各地幼教同仁相聚在广东省美丽的省会城市——广州，进行思维碰撞，汲取动力。在这场学习活动中，各位幼教同仁学习的热情和坚韧的精神，充分激发了各位讲师的激情和才华，是众多幼教专家和幼教同仁的陪伴一起成就了这一场盛会。此次研修活动行程满满，也让我收获满满，现将心得体会总结如下：

**一、专题讲座**

各位专家博闻强识，其生动的讲解、挥洒自如的讲座，让我十分佩服，我佩服他们的自信，佩服他们的敏锐，佩服他们知识的渊博。专家、教授的讲座就像是一顿丰盛的大餐，精美地呈现在我的面前，真是"听君一席话，胜读十年书"。专家毫无保留地把自己工作中的经验拿出来与大家分享，深入浅出，可谓是异彩纷呈。

听完专家讲座，我更加明确了在促进幼儿园科学发展的过程中，对于一个"初出茅庐"的幼儿园管理者，需要更多这样的精神食粮。我相信，通过这次培训，我一定能学有所用，在工作中做到理论结合实际，把自己的幼儿园管理水平提升一个档次，让自己的各种水平得到质的飞跃。

**二、名园观摩行**

通过"名园观摩行"活动，我感受到了幼儿园的大环境以幼儿作品为主，不但能展现孩子们的发展水平，还能让孩子们感受到真的是生活在自己的世界里。这种打破年龄界限的区域活动，充分利用各班资源扩大了孩子们相互了解和交往的范围，孩子们在游戏和操作过程中能以大带小，在平等的关系中互相学习和指导。

学习机会是可贵的，过程是精彩、难忘的。带给我的不仅是震撼和提高，更多的是启迪和鞭策。通过这次可贵而精彩的学习之旅，我在感叹与憧憬之余，更加明确了以后工作的方向，我会更加努力为我们幼儿园的发展贡献自己微薄的力量。思想在我们的头脑中，工作在我们的手中，坐而言，不如起而行！路虽远，行则将至；事虽难，做则必成。让我们借此次东风，重新站在新的起跑线上，矫正自己的人生坐标，成为一名优秀的幼儿园管理者。

## 聚焦研究，磨砺成长，以科研助推教师专业成长
### ——记 2020 年广东省吴木琴名园长工作室跟岗研修心得

高州市第一幼儿园  潘颖

2020 年 10 月 13 日至 17 日，广东省吴木琴名园长工作室研修活动在茂名市第二幼儿园如期开展。工作室全部成员参加了此次研修活动。现将本次研修活动心得体会总结如下：

本次研修活动共有两个方面的内容：一是分享广东省中小学教育创新成果奖获奖课题和专题讲座"幼儿园课题实施的进展与困惑"；二是教学观摩——大班早操、区域活动，中班体育活动"小袋鼠上山记"、奥尔夫音乐教学。活动旨在指导教师增强科研意识，提升教师科研能力，更加科学实施幼儿保育和教育，扎实推进幼儿园课程游戏化，为幼儿后续学习和终身发展奠基。

教育科研是幼儿园可持续发展的有效支撑，课题研究是幼儿园教育科研的一个重要方面。有效开展课题研究，可以促进教师专业素养和实践工作能力的提升。专题分享"幼儿课题实施的进展与困惑"，让与会工作室成员更加明晰了课题研究中的基本概念，理清了实践思路，为今后课题的开展予了极大的启发，进一步明确了开展课题的实施路径。步骤一：对课题核心概念确定。做课题首先要清楚研究的是什么？对课题研究的范围界定得

111

越小，越容易对症研究。步骤二：要弄清当前幼儿园存在的问题，确定研究问题，提出课题设想。步骤三：文献研究。文献研究是做课题最关键的环节，在立项过程中起关键性作用。步骤四：顶层设计。要拿出具体指导策略给老师，指导教师研究和实施。步骤五：分阶段实施课题。

通过本次培训，学员们感受颇深，纷纷表示研修内容指导非常贴合实际，不仅让我们对课题的选题、实施和结题工作有了新的认识，更为今后的课题申报和研究工作奠定了基础。

## 广东省吴木琴名园长工作室培训心得体会
### 高山镇中心幼儿园　李雪

有幸作为工作室的一员参加这次由吴木琴园长组织的学员培训，这次培训为来自茂名各个地区的学员们创造了一个"大开眼界"的契机，也提供了彼此间交流分享的平台。这次培训主要有茂名市第二幼儿园的科技节闭幕展示、课例观摩、专家讲座和学员研讨等活动。在这样充实的安排下，我也收获满满。

首先，我为市二幼举办的科技节闭幕活动感到惊喜。这是一场由家长主导的科学作品展示活动。各班幼儿在老师的组织、带领下自由到自己感兴趣的作品摊位前操作探究。在观摩此活动之前，我想象中的科技作品是"高大上"的，是具有一定难度的自制发明类作品。但在市二幼的科技节活动中，我认识到原来科学就在我们的身边，生活中处处体现着科学的奥妙。比如厨房里的配料、一盆水、一张纸、一个空瓶子都能用来做实验，皆可激发幼儿的探究和认知兴趣。这场活动中，家长们大展身手创造出好玩的小实验、有趣的小发明，小朋友们在操作中既收获了快乐，又初步认知了作品隐藏的原理。可见，这场活动毫无疑问是成功的，也给学员们带来了一场科学盛宴。

在课堂活动方面，我观摩了两节课例，分别是茂名市二幼吴老师设计的科学活动"滑滑梯"和高州市一幼苏老师设计的语言活动"小铃铛"。两位老师在课上都体现了相当高的专业素养，体现在活动设计、肢体语言、幼儿组织等方面。尤其是科学活动"滑滑梯"得到很高评价。吴老师通过小组探究，让幼儿在对比中进行总结，得出结论。在这个过程中，小朋友的自主性得到充分发挥，改变了教师占主导地位的传统教学模式，教师更多的是起到组织环节开展和引导幼儿操作和思考的作用。在语言活动"小铃铛"中，值得学习的是苏老师生动活泼、亲切自然的教态，并且设计的活动环节也能牢牢抓住中班幼儿的兴趣点，吸引他们的注意力，但是在评价一节课例时重点看目标是否达到，这节语言活动课在这一方面有所欠缺，现场的观课老师也积极地给出了自己的评价，我在评价中也能更加客观全面地认识到优点与不足。

其次，无论是华东师范大学的周教授还是市二幼的名园长、名师主讲的讲座都是一场知识盛宴。特别是周教授的讲座给我留下了深刻的印象。周教授用自己丰富的教育阅历和幽默走心的话语直击人心，赢得了在场老师们的频频点头和阵阵掌声。通过将四个国家幼儿教育中生活活动、集体活动、认知活动、自然教育几大方面进行比对，为大家剖析对儿童的发展期待是如何影响我们的教育工作价值取向的，引导老师们思考如何做到他山之石为我所用。吕红青主任主讲的"从平凡走向优秀"告诉我们幼教这个行业是平凡的，但是我们要从平凡中蜕变成优秀的教育者，就必须有规划、有目标、有教研精神。江辉园长主讲的"家园共同体的构建"和吴园长主讲的"幼儿园园本课程的建设"结合老师们在管理和教育上所遇到的难题提供理论指导和经验分享。在这样充实的学习中，我感觉身上的力量更将饱满而坚定了。

在学员研讨和交流中，吴园长工作室的园长老师们不遗余力地表达自己培训的感受和自己在教育工作上遇到的瓶颈和困惑。从一个个问题的抛出，到大家热情地诉说、分享和表达，其中包含着彼此思想火花的碰撞和每个人对茂名地区学前教育未来发展的愿景。

最后，感谢吴木琴园长组织的这场培训为我们谋福利，感谢吴园长用包容的心态引领着同行们在教育路上砥砺前行。希望自己在工作室今后的活动中继续学习、继续进步、继续成长，把所见所学所获落实到自己的工作中。

## 吴木琴名园长工作室的培训心得体会

### 信宜市幼儿园　陈红戈

#### 2018 年 11 月 18 日

2018 年 11 月 13 日至 15 日，经过工作室两天半的跟岗培训活动，我从中收获了很多，思想上也得到了新的觉悟。

13 日下午，我们参观了茂名市第二幼儿园开展的科技节活动，活动丰富多彩，形式多样，让我深刻认识到探索科学对于发展幼儿的兴趣、爱好有很大的帮助。活动以"我们身边的科学"为主题，通过实验、参观、绘画、记录等方式，引导幼儿主动地寻找身边的科学，感受科学的有趣和神奇。

14 日上午，我们观看了由茂名市第二幼儿园的吴健英教师讲授的市课堂直播教学活动"滑滑梯"。吴健英老师以独特的教学风格引导孩子们进行探讨：什么物体可以滑动？哪些物体滑得比较快？怎样才能让物体滑得比较快？在活动过程中把舞台完全交给了孩子自己去探索、总结，充分地给了孩子们自己去探讨、研究的机会。听完吴健英老师的教学活动后，由华东师范大学学前教育学专业的周念丽教授给大家进行了讲座"从教育现象透视学前教育理念——基于四个国家的比较"。周教授以图文并茂和穿插视频的方式给大家看了我们中国学前教育理念与美国、日本、瑞典这三个国家的不同之处，并向幼教同行们提出能做到他山之石，可以攻玉，培养一代新现代中国娃的殷切期盼。下午，我们工作室人员就周教授的讲座进行了研讨，并找出了适合自己本土、本园文化的教育理念和价值取向，进一步明确了自己今后在管理中的方向。周教授的讲座让我明白了中国的基础教育必须找到正确的引领方向，幼儿的学习与发展一切来源于生活，要让幼儿在各种生活活动中习得各种技能、能力，就像短视频中三岁小男孩在森林中学会各种上爬、下坡的技能，形成一种不怕困难、挑战自己的精神。所以作为教育的引导者，就要学会放手，给予孩子适当的鼓励和指导，他山之石，可以攻玉，遇到挫折要学会砥砺前行！

15日，我们还聆听了市二幼吕红青主任、江辉副园长、吴木琴园长的精彩讲座，我受益匪浅。我不仅学会了一个平凡的教师如何做好自己的成长规划，成为一个优秀的、有内涵的教师；还认识了构建家园共同体的重要性，学到了怎样建设幼儿园独有的特色园本课程。结合当地本土化，制订一套符合自身幼儿园特色的园本课程，这样对幼儿的学习和发展更有利。

回想起这次培训，相信大家都学到了很多，可我有一种新的感觉：学到的越多，不知道的就越多。为什么这样说呢？在以前的学习中自己并没有注重某一方面的学习，只是老师教什么，自己就学什么，从来不管为什么，只是盲目地走路、学习。这次培训感觉就变了很多，原因很简单：这里的学习不再是片面的，是一种以具体事情具体分析的方式进行的。在这里，我感觉以前了解的东西很少，这就需要努力地或者是刻意地去找各种资料和书籍，学习更多更全面的知识。可是越学，感觉自己知道得越少，这是为什么呢？因为我们有一颗想充实自己的心，有一颗想要学习的心，同时也有一颗向前的心。这就要求我们自己要在工作中学习，在学习中工作，把所学的用到工作中。

总之，不断学习，不断成长，成长过程中就会获得收获，成长是一种实践，更是一种幸福。在这次培训结束以后，我对自己的要求很简单：在以后的学习工作中，切实领悟每次的培训内容，提高自己的能力，使自己的工作实现质的飞跃。

# 第四节　以"观"促改进

通过观摩、跟岗的形式走进一批特色名园，使学员在走、看、听、想的过程中学习不同园所文化，感受不同园所的魅力，吸取名园管理智慧，提升自己，引领园所的进步。

## 学员访名园实录

### 访名园、拓视野、获新知
——参观广州市越秀区中六幼儿园有感

高州市第一幼儿园　潘颖

为促进交流与学习，实地感受名园风采，2019年6月18日至19日，我随广东省吴木琴名园长工作室观摩了广州几家特色幼儿园。两日游与学的结合，沉浸式的学习，让我们一同见证了关于幼儿园的无限可能。

这次优选的 3 家幼儿园各具特色，都非常具有代表性。6 月 18 日下午，我们如约来到广州市越秀区中六幼儿园，这是广州市第一所独立设置的公立幼儿园，是广东省一级幼儿园、广东省绿色幼儿园、广州市示范性幼儿园、广州市安全文明校园、广州市百所优秀家长学校之一、广州市首批健康学校，教育科研成果显著。

中六幼儿园在"育儿精心、因儿施教、促儿发展"的办园宗旨指引下，以创建"羊城典范、岭南名园"为目标，遵循幼儿身心发展的规律，在传承与发展语言特色之路上，大胆尝试，让孩子用听、说、看、演、动手操作等不一样的形式打开多种感官，满足其言语表达的需要。孩子们在有爱、有故事、有美、有温度的乐园里自由、快乐地感悟和创造！

在观摩中，园长们纷纷被这所有故事的宝藏幼儿园打动，我们了解到从二十世纪五六十年代开始，老一辈杰出的中六人就勇于开拓、善于磨砺，积极探索特色的园本文化，开创了中六幼儿园语言领域特色教育，为园所文化铸就扎实的根基！

此次观摩虽然短暂，却给我留下了长久的思考：

**感想一：特色办园**

一个幼儿园是否能够得到平稳、长远、健康、优质的发展，必须要有自己的办园特色。特色就是不同于其他幼儿园的、符合幼儿园身心规律发展的办学特点。越秀区中六幼儿园的办园特色就是语言教学，他们以木偶为媒，以绘本为载体，开展形式多样、丰富多彩的绘本剧表演活动：师幼绘本剧表演、幼幼绘本剧表演、家长与孩子的绘本剧表演。中六人探索园本课程的实践，不仅印证了其教育观、儿童观的转变，更抒发了他们心中那份不变的教育情怀!

幼儿园的环境创设、主题教育活动、园所文化建设紧紧围绕语言教学特色开展。观摩完后,我深深地感到,一所幼儿园如果没有特色,将是一所没有生命力的幼儿园,是没有发展潜力和发展前景的幼儿园。因此必须结合自己的定位和综合条件确定自己的办园特色。中六幼儿园通过绘本课程和绘本剧表演激发幼儿的学习兴趣,培养孩子们的语言表达能力和与人交流能力,"精心育儿",借助绘本这个载体培养孩子各方面的能力,中六做到了!

**感想二:环境创设**

此次观摩,中六幼儿园丰富多彩、主题鲜明且富有教育意义的环境创设给我留下了深刻的印象,从外观到内部,从宏观到细节,无不独具匠心,蕴含着独特的教育意义。"幼儿园的环境会说话",这是我最深的体会和感触。

一步入幼儿园门厅,整个环境处处彰显着浓浓的童话气息,温馨、轻松,充满童趣和想象空间,表演道具丰富,最大限度地满足了幼儿自主学习和自由探究的需要。楼道及廊道上巧妙摆放了盒子里的绘本、小花园的秘密、孩子自制的绘本等。

感谢教育局和吴木琴名园长工作室的精心策划和组织,名园观摩行让我们开阔视野,收获了特色办园的新理念,期待下次的幼教学习之旅。

## 名园观摩日志
### ——观摩杭州钱塘春晓幼儿园所感
信宜市教育城幼儿园　张萍

成长离不开学习,向优秀的同行学习更是一种有效的途径。满怀学习的热情,在 2021 年 4 月 13 日上午,我们跟随着吴木琴园长来到了杭州钱塘春晓幼儿园，该园创办于 2007 年 9 月，是滨江区教育局直属公办幼儿园，是省一级幼儿园、市特级幼儿园、滨江区早教亲子园。每次参观名园，我们工作室的成员都会拿起相机或手机不停抓拍，竖起耳朵认真倾听，时不时还会拿起笔记本记下一些感触或领悟，渴望从别人的优秀经验中受到启发，从而更好地管理自己的幼儿园。

一走进幼儿园，该园的办园宗旨与理念等标示于最醒目的位置。幼儿园以"一切为了促进幼儿健康和谐发展"为办园宗旨；以"让每一个孩子快乐成长：让孩子倾诉——坐下来听，与孩子平视——蹲下来看，与孩子商量——相互尊重，让孩子决定——学会选择"为办园理念；以"优美的保教环境、和谐的师生关系、愉快的幼儿活动、优良的办园质量"为办园目标；以"敬业、团结、务实、创新"为园风；以"幼儿喜欢、家长放心、社会满意、教师自豪"为共同愿景。这一切都体现出钱塘春晓幼儿园"以人为本"的原则！

走到幼儿活动室旁边的走廊上，映入眼帘的是装饰得美轮美奂的环境布置。参观人员都兴奋地拿起手中的相机恨不得把墙壁上、课室内外的一切都记录下来。课室里有幼儿的成长档案、作品、爸爸妈妈的话、问题墙等，每个室的布置都有自己不同的个性特色。课室外面有家园共育栏、每周活动介绍、教学计划等，让家长或外来人员对幼儿每天的主要活动内容一目了然，另外还会有教师介绍、常识宣传等。

在我们看得意犹未尽的时候，园所带队负责人把我们集中到了会议室，让我们聆听了他们的"春风化雨，晓润无声"讲座，给我们介绍了他们的园所变化和年轻、阳光、有活力的团队，还介绍了他们的园本特色——立足本原，发展"个性幼儿"。主要是从两个方面去体现：建让孩子参与的环境，做有孩子味道的课程。让我感触最深的就是该幼儿园的"做有孩子味道的课程"，他们设计了一系列的四季"晓"课程，把春夏秋冬四个季节与钱塘的资源融合起来，形成一套"生活化＋本土化"的综合课程。课程的理念是"在奇妙的自然中，顺应天性；在快乐的游戏中，滋养灵性；在湿润的关系中，生发慧性"。课程的总目标是"五晓五乐"，晓体、晓语、晓礼、晓思、晓美，乐动、乐言、乐行、乐探、乐创。课程内容甄选原则是源于儿童、基于发展、取自生活、关注完整。例如在春天，老师带领孩子们到大自然中去探索蚂蚁的秘密；在夏天，老师带领孩子们来到身边的社会环境中去了解一些不同岗位工作者的生活，体会他们为人们的付出。

四季"晓"课程中，大班的项目式联动主题活动"地铁之旅"令我印象最深刻，令我对校本课程有了更深入的理解和认识。活动从第一部分"参观前的准备"开始，孩子们首先用思维导图定计划；第二部分"参观地铁"采用了分组活动，分成线路调查组、站内设施组、地铁构造组，各组小朋友们通过参观和采访地铁站工作人员，然后分别列出各自的发现和还想知道的事；第三部分是"参观后的梳理与分享"，小朋友们用不同的形式表现出他们眼中的地铁。认识了杭州地铁之后，孩子们还在春晓日记里分享自己周末与爸爸妈妈一起坐地铁出游的经历。最后大班孩子们还在老师的陪同下，分组去坐了几趟地铁，在坐地铁的过程中，小朋友们不断遇到一些新问题，也在过程中不断地学到了解决问题的方法，例如：什么时候下车？如何换乘？若有两个方向该走哪一个？坐过了站怎么办？如果有两条不同路线到达同一目的地，要怎样选择路线？各种各样的问题不断困扰着孩子们，但也在不断地增强孩子们解决问题的能力。"蚂蚁的秘密""地铁之旅"只是该园四季"晓"课程中的一两个，但也可体现出该课程的"生活化+本土化"，是真正的源于儿童、基于发展、取自生活、关注完整的课程，真正促进了幼儿的整体能力健康发展。

通过这次的观摩学习，结合我园的实际情况，我也进行了一些反思：

### 一、环境创设方面

"幼儿园的环境会说话。"环境是首先映入眼帘的，从外观到内部、从宏观到细节，名园的环境创设无不独具匠心，蕴含着独特的教育意义。我们幼儿园在班级环境创设方面，还要注重加强班级教师在环境布置方面的能力，坚持师幼共同设计、常规教学和环境布置相结合，每个班级分别创设出自己的独具特色的环境氛围。

### 二、完善幼儿个人成长档案方面

为了让家长真切地感受到孩子们在幼儿园里一天天进步，为了让家长和孩子们以后对幼儿园生活多一些回忆，各班教师给每个幼儿制定个人成长档案，教师定时记录幼儿成长经历，把幼儿在生活中的一些行为、一些趣事等都记录在案，用相片或文字保存下来。这样既可以加强家园联系，也能有效促进幼儿成长。

### 三、继续加强师资队伍建设

师资队伍的水平影响着幼儿的成长，影响着幼儿园的发展。学习如逆水行舟，不进则退。信宜是欠发达地区，师资水平、办园条件与发达地区相比还有很大的差距，因此，我计划要继续做好加强师资培训方面的工作，更多地组织本园教师参加各种园内外培训学习，加强理论学习和现场观摩学习，让教师们尽可能在培训中获取有益的启示，能够多结合自己教学实际进行深入的思考，自觉增强自身素质与能力。

## 四、园本课程建设方面

近年来，教育由封闭走向开放，教育评价由单一化转向多元化，这不仅是个体对更加广阔的发展空间的需要，而且能够最大程度上激发个体的发展潜能。同时，考虑到儿童的发展具有多样性、差异性、独特性等特点，开设园本课程能满足儿童个性发展的需要，为儿童全面、和谐、自由发展创造有利条件，为儿童积极、主动发展拓展空间。因此，很多幼儿园也开展了建设"园本课程"的研究。我们幼儿园也希望能利用一些本地资源，或者是根据现阶段青少年容易出现的一些不良行为品性而做一些深入的探究，从而在幼儿园里开设一系列相关课程去引导一些正确思想或行为。但由于我们教师团队在园本课程建设方面的经验甚少，因此，我们要继续不断努力学习，不断去观摩探索，希望在不久的将来，我们也能形成一套适合本地幼儿园的、能促进孩子全面且有个性地发展的园本课程。

## 在学习中感受教育魅力，在实践中感受教育真谛
### ——记参观杭州市滨江区钱塘山水幼儿园
#### 高山镇中心幼儿园 李雪

2021 年 4 月 12 日，我有幸参加广东省吴木琴名园长工作室组织的前往杭州市滨江区钱塘山水幼儿园参观学习活动。此次活动让我深刻感受到两句话的意义：一是邓小平爷爷曾经说过，计算机普及教学要从娃娃抓起；二是科学技术是第一生产力。

刚进入钱塘山水幼儿园时，让我眼前一亮的是它的办园理念、目标及方向。幼儿园以"现在小玩家，未来大创客"为办园理念，以"用爱和智慧办一所孩子们的玩家乐园"为办园目标，以"关注幼儿全面发展、个性化需要，培育幼儿快乐、自信生

活"为教育取向，致力于培养能"悦玩·慧玩·创玩"的儿童。在我看来，这简明扼要、强而有力地表达出了目前我国幼儿园主流倡导的教育理念和教育方式，即在玩中学，在学中玩。这与普通园所生涩难懂、虚无缥缈的办园理念迥然不同。

在环境创设方面，钱塘山水幼儿园也是可圈可点。走进幼儿园，一股强烈的科技感扑面而来，幼儿园环创以蓝色、灰色为基调，功能室、走廊、楼梯、天花板等地方都有蓝天、星空、机器人、星球、齿轮等装饰，以及有幼儿各种各样的作品展示，幼儿园主题非常突出，环境创设高度贴合办园理念，容易培养幼儿的好奇心和求知欲。

钱塘山水幼儿园的课程体系是最令我震撼的。我实地体验了幼儿园的全息 3D 互动体验、智能垃圾分类、智慧种植、智慧宣传、机器人、智慧体感运动、科技体验操作板、AR 智慧课堂、STEAM 建构编程及 STEAM 探究体验游戏等一系列高科技课程。我此前对 STEAM 课程只有一些粗浅的理论知识，但尚未亲身体验实践。在此次体验过程中，我最直观的感受是原来科技可以离我们这么近，原来科技是如此的有魅力，原来科技并不都是深奥难懂的。参观此园前，我曾经认为让幼儿学编程，他们能懂吗？这一定是噱头。但现在亲身体验后，我的认知被颠覆了，原来幼儿园的编程课程真的可以培养幼儿的编程意识，甚至幼儿可以亲身编程，让机械执行。

此行结束后，我获益良多，感慨万千，读万卷书不如行万里路，与其在自己幼儿园闭门造车，不如多外出学习，感受其他优秀幼儿园的教育教学方式和内容，感受不同的教育文化魅力，从而将优秀的内容和经验本土化、实践化，进一步提高幼儿园的教学水平。最后，我以一句话总结这次名园参观日志：在学习中感受教育魅力，在实践中感受教育真谛。以此共勉！

## 观摩名园学习心得体会

**高州市根子镇中心幼儿园　陈华**

在广东省吴木琴名园长工作室的安排下，我有幸参加了其中的学习，还跟岗观摩了几所名园，收获颇多，感受很深。特别是看3个园的环创，让我收获很多。在每所幼儿园都可以感受到一股独特的园所文化，每所幼儿园都有一支充满爱心、朝气蓬勃的教师队伍，通过观察、交流，能感受到他们团结、进取、敬业、乐业的精神。各幼儿园园长的热情接待、老师无私的经验介绍，让人倍感亲切和感动。

**一、所见**

1. 杭州滨江区钱塘春晓幼儿园：幼儿园的整体环境、走廊中的作品展示和随处可见的收纳得井然有序的户外活动材料让我印象很深。教师们充分利用活动场地的每个角落，合理安排材料收纳和活动区域。他们的小朋友在做户外活动时，做到了成为活动的主体，是真正自主地在游戏，而教师只是在旁边做一个观察者、引导者。

我还有个最大的感受就是园所布置得很素净、高雅、温馨，并且极具中国特色，给幼儿无尽的想象力，幼儿的审美观从小就得到了培养。这所幼儿园的办园档次高，能给幼儿提供优越的物质条件。在这所幼儿园里不管是活动室还是走廊，一幅幅幼儿创作画，一件件独具匠心的作品，再加上管理规范的师资队伍，组成了有着艺术色彩的园所文化，充分体现了幼儿园的主体特色。这所幼儿园的教室里，设施齐全，各种活动丰富而富有童趣，能够使幼儿真真正正地在玩中学、在学中玩，很好地调动了幼儿的天性。再有这所幼儿园的区角材料丰富，老师们想得比较周到、细致，使幼儿能得到全面发展，将幼儿的想象空间与日常物品紧密结合，使幼儿能够发挥自己的想象力进行构思，在动手操作的过程中感受创意美。孩子们在实际操作中认真的态度和刻苦钻研的精神令人折服。

2. 杭州钱塘帝景幼儿园：这所幼儿园给我印象很深的是他们的环境创设，他们坚持从孩子的角度出发，用孩子的视线去看事物，其环境创设全都以孩子为本，让孩子看得着、用得着、做得着。而且他们的孩子游戏时会有一个真实的环境，比如他们做美食，是真的有那些厨房用具，真真正正地去实践、去动手做的。这里的孩子是幸福且快乐着的。

**二、所思**

这次学习看到那些幼儿园的发展和变化，使我非常激动，使着幼儿园负责人介绍他们的办园过程和其中的艰辛，我深受感动，参观回来后我觉得我们要做到取别人之长，补己之短，因此我有了以下这些思考：

1. 环境创设要做到尊重儿童，给小朋友看的全在低处，考虑孩子的视线，做给成人看的才放在高处。

2. 户外活动要让孩子成为活动的主体，即使是在活动的最后也可以让他们做活动主体，收拾也是一种游戏方式。

3. 在组织活动中，教师要做到始终以支持者、合作者、引导者的身份给孩子一些思考问题的时间和空间，不急于帮助孩子调节，而是让孩子们去发现问题，再一起想办法解决。

4. 参与游戏是学习的开端，幼儿的学习就是游戏。

5. 细心、耐心、虚心是我们每位教师应该具备的。我应该做到，做每一件事都要细心；对家长、对孩子要有耐心；在工作中做到虚心请教每个问题，要有不耻下问的精神。归根结底就是我对待自己的工作要有责任心。

总之，通过这次参观学习，让我们开阔了眼界，学到了很多。在今后的工作中，我要坚定终身学习的观念，活到老，学到老，认真学习别人的优点，改正自己的不足，不断提高自身的业务水平，用自己的智慧和爱心为幼儿创造一个宽松、和谐、优雅的生活环境。

# 园所诊断

为充分发挥广东省吴木琴名园长工作室的示范引领作用，根据"突出主体性，促进自主发展；突出合作性，促进共同发展"的指导方针，工作室主持人每年根据工作室实际，对工作室学员的幼儿园开展深入园所诊断工作。诊断活动主要从"看园所环境、查建档资料、观办园特色、解园所疑难"4个方面开展，细致深入，力求做到送其所需，解其所困。

为了让诊断活动做真、做实，使每次诊断活动有据可依，工作室都参照"园所诊断4步走"的细则，认真开展相关诊断工作。

### 第一步：看园所环境品文化

环境育人，环境是幼儿的第三位老师。诊断活动中，工作室主持人吴木琴带领工作室团队认真对幼儿园的区域环境、户外环境、功能室的创设等进行全面察看。

工作室五位入室学员的园所环境创设各显特色，其中信宜市幼儿园以美术课题为契机，结合当地"飘色""编竹篮""鬼仔戏"等传统民俗文化，打造了以幼儿作品为主的特色环境，彰显中国优秀传统文化品位，做出了粤西的特色。信宜市教育城幼儿园更是结合场地优势，对户外场地进行了合理规划和创设，融入了幼儿园文化理念，处处彰显了幼儿园的"阳光"文化定位。

工作室学员张萍带主持人吴木琴看园所环境

工作室学员潘颖带主持人吴木琴看园所环境

工作室学员李雪带主持人吴木琴看园所环境

**第二步：查建档资料显基础**

建档资料是一个幼儿园发展痕迹的真实记录，充分体现幼儿园管理的基础。

工作室主持人在园所诊断过程中，认真查阅入室成员所在园所准备的日常工作建档资料，通过查阅资料，清楚了解幼儿园的规章制度、活动开展情况等。最后，工作室主持人对建档资料是否翔实、完善、清晰等各方面进行指导和点评。

**工作室团队成员查阅建档资料 1**

工作室团队成员查阅建档资料2

### 第三步：观办园特色看发展

"民间户外体育活动""三馨文化""民间传统童谣""阳光文化""结合本地特色的美术教育"等，这是各个工作室入室成员所在园所打造的不同亮点。诊断活动中，工作室入室学员代表从幼儿园的"特色环境"到"特色课程"，再到"特色活动"等方面向工作室主持人详细汇报了幼儿园的办园特色、园所文化建设。

一园一亮点，一园一特色，不同的办园方向，相同的积极奋发精神，近两年，五位学员在工作室主持人的引领下，稳稳地掌着幼儿园的舵，乘风破浪，带领着自己的幼儿园团队不断发展。

看特色活动

### 第四步：解园所疑难促成长

疑难诊断作为入园诊断活动的高潮环节，在工作室主持人吴木琴的带领下，工作室本着"真问题，共研讨，促提升"的原则，鼓励大家畅所欲言。大家所关注的问题无非聚焦在"如何打造幼儿园特色和亮点，做到人有我有，人有我优""如何更有效地开展教研活动，促进教师专业成长"等问题上。工作室学员带领着幼儿园管理团队就这些困惑，与工作室团队进行深入探讨。

工作室团队与信宜市教育城幼儿园管理团队进行探讨

工作室主持人吴木琴为高州市第一幼儿园管理团队解疑

博爱 诚信 敏行 创新

**工作室主持人吴木琴为高山镇中心幼儿园管理团队解疑**

在工作室的"四促"培养机制中，工作室尊重入室学员的个性，通过线上和线下相结合的研修方式，帮助大家形成一个"输入—输出"的完整过程，与日常中欠缺系统、欠缺深究、欠缺反思的碎片化学习相区别，致力于使培养形成系统，更加科学，落到实处，使"营养"的供养真正满足学员成长的需求。

# 第三章　工作室同行硕果

## 第一节　工作室典型辐射引领活动

### 典型辐射引领活动案例一：茂名市首届幼教年会

### 幼教年会举办的背景

习近平总书记在党的十九大报告中指出："文化是一个国家、一个民族的灵魂。文化兴国运兴，文化强民族强。"在几千年的历史演进中，中华民族创造了熠熠生辉、光耀世界的中华文明，培育和发展了博大精深、历久弥新的中华文化，为中华民族生生不息、发展壮大提供了丰厚滋养。幼儿教育是科学的，幼儿教育是生动鲜活的，幼儿教育必须是体现优秀先进文化的。如何携手共进，在茂名学前教育界搭建起传承文化的交流平台？如何充分发挥引领示范作用，将幼儿园与中华优秀传统文化相结合的"美善"教育进行推广展示？这些都是工作室主持人吴木琴园长经常思索的问题。

由于这份担当与责任，工作室主持人吴木琴园长在与茂名市教育局领导共同协商茂名市第 21 期学前教育直播课堂活动时，即碰撞出了火花。在茂名市教育局领导的大力支持和建议下，一场茂名学前教育界富有开拓性、创新性、突破性的大型活动——茂名市首届幼教年会暨第 21 期学前教育直播课堂活动就此决议举办。

11 月初，离举办日期只剩一个月时间，没有任何先例，没有任何经验，工作室主持人勇于创新，不惧活动筹备的烦琐，迅速成立筹备小组，分解具体工作，逐一跟踪，逐步指导落实，保证每一个环节都精确到位。经过艰辛的筹备，由茂名市教育局主办，茂名市第一幼儿园、茂名市第二幼儿园、广东省吴木琴名园长工作室、广东省陈洪樱名教师工作室、广东省吕红青名教师工作室和茂名市学前教育专业委员会联合承办的茂名市首届幼教年会顺利举办。

活动以"文化润泽园所，游戏点亮童年"为主题，旨在与广大幼教同行进行学术探讨，为茂名市学前教育的创新发展建言献策。年会邀请国内学前教育领域的专家、学者、一线名园长、名师，通过主题讲座、名师面对面、课例观摩、研讨交流等多种形式，为茂名幼教同行提供了一场精彩绝伦的盛宴。

## 首届幼教年会产生的影响

2020 年 12 月 12 日，为期三天的茂名市首届幼教年会圆满落幕！据统计，活动三天内到达两个会场参会的总人数超过3800 人次，活动线上直播播放量累计超过 5.6 万次。为期三天的茂名市首届幼教年会暨第 21 期学前教育直播课堂活动在热烈的氛围中圆满落幕，并受到了与会幼教同人们的广泛好评。

## 幼教年会活动回顾

### 精彩回顾 1：开幕式

2020 年 12 月 10 日，由茂名市教育局主办，以"文化润泽园所，游戏点亮童年"为主题的茂名市首届幼教年会暨第21期学前教育直播课堂活动在茂名市第二幼儿园举行。

开幕式现场

本次年会的举办受到教育局领导的高度认可。茂名市教育局党组成员、副局长李杰同志参加开幕式并讲话。李杰副局长代表茂名市教育局对茂名市学前教育工作者表达敬意，对本次年会的组织表达感谢，对年会的召开表示祝贺，并肯定了各承办单位对茂名市学前教育做出的贡献，从高站位、准定位、做实事的角度对茂名市学前教育的发展做出展望。他寄语学前教育一线教师除了"低头拉车"还要不忘"抬头看路"，对当前部分幼儿园存在的超前教育提出了自己独到的见解，同时对我市学前教育寄予殷切希望。

茂名市教育局副局长李杰现场讲话

　　庚子初冬，繁花似锦，暖暖二幼，喜迎贵客。广东省名园长工作室主持人吴木琴园长在活动开幕式中，首先对莅临本次活动的领导、专家、园长、老师表示热烈的欢迎。吴木琴园长从文化兴邦，从优秀传统文化在幼儿教育中的价值谈起，点明了"文化润泽园所，游戏点亮童年"的活动主题，并希望借此盛会，与省内外的幼教专家学者、名园长、名教师共同交流，探讨理想的幼儿教育之道。

工作室主持人吴木琴在讲话

**精彩回顾 2：专家讲座**

启动仪式结束后，郑福明教授带来了干货满满的讲座——"国内外幼儿教育改革与发展趋势"。郑教授用生动的案例、幽默的语言深入浅出地为我们阐述了国内外幼儿教育的异同，让我们知道国际化不是崇洋媚外，不是生搬硬套，而是国际视野与本土实践相结合，使与会嘉宾进一步理解到民族的才是世界的，适合的才是最好的！

**郑福明教授讲座现场**

中国蒙台梭利专家协会副会长范佩芬为年会带来讲座"读懂孩子，开展适合幼儿的一日活动课程"。范佩芬副会长强调读懂孩子的重要性，结合具体案例向大家介绍了一日生活即课程的理念，探讨了规律的生活环境、生活环节与生活常规对处于敏感期幼儿的重要意义。她从理论层面、具体实践层面分享了科学、合理地安排和组织幼儿一日生活的宝贵经验，为大家提供了切实好用的方法论指导。

范佩芬老师讲座现场

听讲座活动现场

在年会的第二天，精彩讲座仍在继续！

范佩芬副会长从七大领域和十二个区域带领大家认识了区域活动的内容，立足儿童本位，围绕区域化学习和游戏活动，结合理论内涵、材料提供、环境创设、观察指导等方面进行了聚焦而又深入的阐释。范会长扎实的理论专业知识和列举的生动鲜活案例，为老师们带来了丰富的感受和体验。

　　工作室主持人吴木琴园长分享了园所文化建设的经验，吴园长从美善文化的来由到美善教育的园所文化构建历程，细雨春风，娓娓道来。她从创设美善环境、打造美善团队、培养美善幼儿三大维度分享了宝贵经验。从吴园长的分享中可以看出市二幼秉承"以美善育人，育美善之人"的办园理念，打造"快乐体验，积极养成"的育人特色，着力创建优秀传统文化校园环境与园本课程、社会实践、家园共育多位一体的育人平台。

工作室学员张萍园长也作为活动嘉宾系统地向大家分享了信宜教育城幼儿园打造园所特色活动的经验。信宜教育城幼儿园依托场地优势，打造了以"阳光体育"为特色的园所特色，系统构建了阳光环境、阳光管理、阳光团队、阳光幼儿、阳光课程、阳光家长、阳光舞台等办学模式。张园长从办园理念、指导思想、园本教研等方面一一介绍了信宜教育城幼儿园打造特色园所文化的点滴过程。

工作室学员张萍园长做分享

**精彩回顾3：观摩体能大循环**

年会第一天，与会嘉宾齐聚茂名市第二幼儿园操场，观摩了大班幼儿的户外体能大循环活动。

会场上，体育教师带领大班幼儿跟随着音乐开展了"运动方舟"体能早操展示活动。多元的器材、规范的哨令和手势的运用,激发了幼儿的运动欲望。早操体现了队列、操节活动和游戏的融合,充分锻炼和发展幼儿的走、跑、跳、钻等动作技能。

体能活动过程中,孩子们阳光自信,活力四射,整个院子充满了朝气与欢声笑语,与会嘉宾纷纷对户外体能大循环活动给予了高度评价!

### 精彩回顾4:观摩自主游戏活动

幼儿园自主游戏,是教育总目标下的重要组织形式。在茂名市首届幼教年会活动中,主办方设置了自主游戏观摩专场。

当轻柔的音乐响起,各班幼儿开始了室内室外的区域游戏活动。现场与会人员在解说老师的带领下,分A、B两条路线进行参观。在细致的讲解下,与会人员对市二幼传统文化环境和游戏区域的打造有了进一步了解,在场观摩时便纷纷感叹道:"在'美善教育'的文化建设氛围下,每面墙、每个角落都融合和渗透了传统文化内涵,各具匠心,各具特色。"

幼儿开展自主游戏活动

**精彩回顾5：名园长、名教师面对面**

面对面活动专场深受与会园长、老师的欢迎，他们抓住机会踊跃向名园长、名教师提出自己在管理、专业成长等方面的困惑。针对大家提出的问题，名园长及名教师结合自己的专业知识以及成长经验，真诚地一一给予解答，深入浅出地为大家答疑解惑，毫不保留地给大家分享了很多实用的教育智慧和管理智慧，让大家受益匪浅！

名园长与现场来宾进行对话

**精彩回顾 6：名师教学活动**

年会最后一天的活动围绕课程游戏化开展，主要围绕音乐和科学领域进行。两大会场上，广州、茂名两地的名师，为大家呈现了 8 节优质课例。

其中，广州市幼教教研会音乐学科教研组骨干教师蔡君老师带来了大班音乐活动《机器人》的课例展示：从安装机器人的身体部件、音乐程序、动作程序开始，先让孩子跟着老师做动作，以此来熟悉音乐，然后和小朋友们一起创编机器人的动作和语言，在活动中让小朋友们动起来、唱起来、为客人老师们服务，循序渐进地让孩子们在游戏情境中掌握机器人音乐，同时也体验到和同伴、老师互动的快乐，在唱中学，在动中学，课堂效果非常好。

教学活动现场 1

教学活动现场 2

　　蔡君老师着重从歌唱教学的角度为我们讲述了幼儿园音乐游戏活动的设计与实施。蔡老师巧妙地通过小班歌唱游戏《小兔找洞》《伊比呀呀》、中班歌唱游戏《小牙刷》、大班歌唱游戏《三轮车》《都睡着了》等体验式音乐游戏，带领我们去感受、体验了音乐的"原本性"。通过参与游戏，现场的教师深刻感受到蔡君老师在音乐教学设计方面的创新性，在欢快的音乐中更新了自己的音乐教学理念。在蔡老师的课堂里，人人都是演奏家。蔡老师让现场的老师在唱起来、动起来的同时习得教法、玩法，学习让孩子们在游戏中进行音乐活动的技能技巧。除此之外，蔡老师还给我们推荐了一些有关豫剧、京剧的乐曲，让我们感受了音乐的多元性与趣味性，让人意犹未尽，感悟良多。

　　年会还邀请了广州市第一幼儿园保教主任兼体育专科教师辛小勇开展了中班体育活动"热心的小猴子"。辛老师巧用身边常见的物品创设有趣的情境，将游戏与体能锻炼自然贯穿于整个活动，孩子们在变化的规则中有秩序地参与活动。辛老师情景化的体育游戏教学，让孩子们在一次次挑战过程中，不知不觉完成了教学目标，获得了现场观摩老师的一片掌声。

2020年茂名市首届幼教年会持续了三天，在茂名市教育局和广东省吴木琴名园长工作室等多方共同努力下，汇聚专业资源和力量，搭建了幼教"共建、共享、共赢"的交流和学习平台，推进了我市学前教育事业的发展。

这场专属于茂名幼教人的盛会落下了帷幕，本次活动的成功举办，对广东省吴木琴名园长工作室是一次新的挑战、新的征程、新的开始！

**典型辐射引领活动案例二：送教下乡**

琴声悠扬拂神州，

学员精英渐成长。

送教下乡成常态，

教育示范展风采。

茂名幼教更崛起，

辐射引领占鳌头。

广东省吴木琴工作室所有学员积极参与送教下乡活动，携手工作室到高州市、信宜市、茂南区等乡镇幼儿园共开展了10多场送教下乡活动，累计参训人数达400多人。在多次的"送教下乡"活动中，工作室学员充分发挥了引领示范的作用，在促进城乡幼儿园教育发展的同时，自己也不断成长。

## 互相学习，共同成长

### ——记广东省吴木琴名园长工作室送课下乡活动总结

高州市根子镇第一幼儿园　陈华

根据《广东省教育厅办公室关于开展新一轮（2018—2020年）省中小学幼儿园名教师、名校（园）长工作室送教下乡活动的通知》的文件精神，为充分发挥省级名园长名教师工作室的示

范引领和辐射带动作用，提升幼儿园教师的教育教学能力，12 月
14 日下午，广东省吴木琴名园长工作室成员、高州市根子镇中心
幼儿园陈华园长携同本园骨干教师到柏桥小学附属幼儿园、晶晶
幼儿园沟通确定送课下乡的相关事宜。12 月 17 日至 18 日上午，
高州根子镇中心幼儿园的老师们再次来到柏桥小学附属幼儿园和
晶晶幼儿园开展了送课下乡的活动。

现将本次活动总结如下：

**一、领导重视，安排扎实**

为了增强这次活动的影响力，体现"资源共享、优势互补、互助成长"的理念，促进幼儿教师们互相学习、互相成长，陈华园长担任组长，带领园里的骨干教师全面开展此项工作，同时，对活动内容、活动形式、活动日程、组织管理及相关要求都做了详细、周密的安排。

**二、充分准备，效果突出**

通过了解各园实施课程的问题和困难，教师们积极探求解决教学实际问题的途径和方法。提前通知送课下乡的骨干教师备好活动内容：要充分体现"以幼儿为主体，教师为引导"的教学理念，切实落实三维目标，全力渗透新型学习方式，适时使用现代化教学设备。通过授课和评课，证明了此次活动取得了良好效果，达到了预期的目标。比如：钟均陶执教的科学课《一样多》，幼儿参与的积极性很高，这一活动使幼儿能将上下两组物体一一对应，发展了幼儿初步的分析、比较能力，培养了幼儿的口语表达能力。

　　李晓霞执教的大班音乐课《超级歌会》，充分调动了课堂的气氛，激发了幼儿对说唱音乐的兴趣。这堂课主要让幼儿利用说唱的形式进行歌曲的学习，其次让幼儿根据画面和节奏的提示创编歌词。

　　吕秋菊执教的大班语言课《巫婆与黑猫》，主要是让大班幼儿能够安静地聆听和欣赏童话故事的语言美、意境美，激发幼儿的语言表达欲望，能大胆地想象，表达自己的情感。

蒋婷执教的大班科学课《罐子的声音》，充分发挥幼儿的主体地位，让幼儿自主地参与到活动中来，锻炼幼儿的感知能力，增强幼儿的好奇心和探索的欲望，体验游戏的乐趣。

### 三、风格各异，得到好评

此次活动中各位授课教师从不同角度、不同层面传递教学理念和教学技巧，展示了各自的教学风格，使听课教师耳目一新，收获很多。许多听课教师表示将以此次活动为契机，转变观念，认真学习，锤炼教学技巧，提高教学质量，并且希望这样有效的活动经常展开。

总之，本次送课下乡的活动不仅为乡镇幼儿教师提供了互相学习交流的机会，还提高了执教幼儿教师的自身素质。高州市根子镇根子中心幼儿园将在吴木琴名园长工作室带领下不断地向前发展，引领创新，不忘初心，秉持"资源共享、优势互补、互助成长"的理念，促进幼儿教师们互相学习，互相成长！

## 做有温度的幼儿教育

高州市第一幼儿园 潘颖

自加入吴木琴名园长工作室以来，我带领着自己的团队，一群满怀热情、充满激情、投入感情的幼教人，奔赴各乡镇开展"示范引领，互助共长"活动，针对各乡镇幼儿园的不同情况、不同问题，进行了大量的实地研讨活动；立足于每个幼儿园的现实，围绕办园中的共性问题以及教育领域的热点、难点问题展开研讨，有针对性地为每所幼儿园把脉、诊断，给出较合理的建议。我园对高州市长坡、顿梭、石鼓、荷花等中心幼儿园分别开展两月一次、一学期一次的支教活动。通过支教，我园努力践行工作室的重要理念，促进被培养者师德升华，增强人格魅力。我园在各乡镇幼儿园开展了现代教育思想、先进教育理念的研讨，进行了现代教育管理、教育教学方法的指导。现将本人加入工作室以来的送教活动汇报如下：

1. 精心准备，保证质量。送教下乡，是骨干教师展示风采、传送经验、提供示范的有效途径，我园选拔的送教下乡的骨干教师都有高度的责任感、饱满的热情和精湛的业务水平，可以为广大乡镇教师提供优质服务。

2. 认真组织，确保效果。除了送教下乡，我园还先后组织、接待了园长任职资格培训班的跟岗培训和新入职教师的跟岗培训。我园按照高州市教育局统一安排，积极组织相关学科教师按时参加培训活动，积极完成培训任务，确保跟岗教师学有所得。

3. 搞好总结，推广经验。活动结束后，我园及时跟踪调研，收集参训教师的意见，确保培训效果；各乡镇学校结合送教下乡活动，联系本地实际，认真开展跟踪培训，发现典型，并做好总结，以便及时推广经验。

4. 资料整理, 资源共享。我园要求送教教师要做好材料的整理, 以备后需, 达到资源共享之目的, 推动学科教学的持续发展。

5. 除了支教, 我园还对各乡镇幼儿园在园所文化打造、园本课程建设、教学质量提升、园本教研的组织实施、班级管理、集体教学活动、早操编排、幼儿卫生保健、厨房后勤管理等方方面面, 提供了建设性的意见和技术指导。

我园多次按期到我市各个幼儿园开展教学示范课、培训研讨等支教活动, 起到了示范引领、互助共长的辐射作用, 对高州市的幼教事业提供了理论支撑, 对活动组织提供了示范引领, 更进一步促进了工作室成员教师的成长。示范引领, 互助共长, 未来才有希望, 让有温度的教育长长久久、持续不断……

## 广东省吴木琴名园长工作室支教活动总结

信宜市幼儿园　陈红戈

支教活动是推进学前教育城乡均衡发展的一个重要的、有效的途径。从 2018 年至 2020 年, 这三年来, 广东省吴木琴名园长工作室的全体成员在吴木琴园长的带领下, 到了高州、信宜、电白、化州等地区的多所幼儿园开展了内容丰富、形式多样的支教活动, 充分发挥了名园长工作室的示范引领和辐射带动作用, 提升了茂名地区乡镇幼儿园园长及骨干教师的管理能力和教学水平。

### 一、筹备工作

为了增强工作室支教活动的针对性, 使活动得到实实在在的效果, 吴木琴园长组织我们全体成员对每一次的支教活动的具体形式和工作内容、工作要求等, 进行了认真而细致的讨论, 继而确定好活动内容、活动方案，安排好支持活动的教职人员。要求参与送教下乡的园长、老师要不辞辛苦，精心设计好讲座、教学活动，精心准备讲座内容、PPT、教具、学具等。确保所送的每一个活动既能够提高农村学前教育质量，提升乡镇幼儿园园长的管理水平，也能让乡镇教师学得来，用得上。

## 二、活动实施

### （一）实地诊断，互助指导

2018 年以来，为了响应工作室支教活动的精神，推动我市各镇学前教育保教质量的提高，我多次与吴木琴园长、其他成员一起到茂南区高山镇中心幼儿园、高州根子镇中心幼儿园等幼儿园，从看园所环境、查建档资料、观办园特色、解园所疑难四个方面进行了园所诊断活动。

参与工作室活动以来，我还带领我园的骨干教师一起就近到信宜市的乡镇中心幼儿园（如：安莪中心幼儿园、朱砂中心幼儿园、贵子中心幼儿园、北界中心幼儿园、思贺中心幼儿园、新宝中心幼儿园、合水中心幼儿园、径口中心幼儿园和金垌中心幼儿园等）进行了实地指导、交流活动，我的重点在于指导乡镇幼儿园如何科学有效地组织幼儿园一日活动。经过对这些乡镇幼儿园一日活动中的环节组织，及幼儿园的环境布置、幼儿园的日常管理进行了实地观摩，我对各乡镇幼儿园的各项工作进行了有效指导，互相之间也进行了深入探讨交流。

　　我还与信宜市丁堡镇中心幼儿园的王晓圣园长、信宜市洪冠镇中心幼儿园的覃国梅园长结成互助帮扶对子，从树立正确的办学思想和理念，不断完善各项管理制度，规范办学行为和日常工作管理方面手把手指导两位园长，使这两位园长的专业水平和管理水平得到很大的提升，这两所幼儿园的教学质量和办学水平也得到很大提高。

　　在这三年的支教过程中，我们看到这些乡镇幼儿园有了可喜的变化：幼儿园的设施相对完善，环境布置幼儿化；园长对教育教学工作熟悉了，科学育儿观念更新了，管理水平提高了；幼儿园一日活动安排比较合理，注意动静交替，户外活动正常开展，幼儿教育小学化现象得到改善。

　　（二）送课下乡，示范引领

　　为了发挥工作室示范引领的辐射作用，将先进的教育理念和优质的教育资源带到各个乡镇幼儿园，我们在吴木琴园长的带领下，多次开展了送课下乡活动。

　　2018 年 12 月 14 日，在吴木琴园长的带领下，工作室的全体成员以及两位骨干教师到高州市幼儿园开展了送教下乡活动，我们为高州市的乡镇幼儿园园长、骨干教师共 100 多人送去了中班美术活动"纸杯娃娃"、大班音乐活动"我的朋友在哪里"，得到了前来观摩学习的幼教同行的一致好评。

　　2018 年 12 月 28 日，我带领我园的骨干教师到池洞镇中心幼儿园开展送教下乡活动，陈颂媚老师送去了大班美术活动"剪窗花"、沈之婷老师送去了大班体育活动"我和拼板玩游戏"、刘林群老师送去了中班语言活动"谁咬了我的大饼"，我送去了"一日活动皆课程"的讲座。

　　2019 年 5 月 15 日至 17 日，一连三天，在信宜市北界中心幼儿园、信宜市贵子中心幼儿园、信宜市合水中心幼儿园、信宜市第五幼儿园的多媒体教室里，我园的骨干教师何秀莲、吴健敏、冼贵珍三位老师将精心准备的小班语言活动"小蛇多多"、小班数学活动"认识颜色"以及中班语言活动"大狮子的许多许多辫子"进行了现场展示，幼儿参与活动的主动性很高，学习兴趣非常浓厚，教学活动收到了很好的效果。我对这些教学活动进行了有效性的点评，并从活动选材、教学设计、教师的教态、教学语言的组织、教学形式等方面为乡镇幼儿园的老师们详细分析了各个教学活动的成功之处和一些存在的问题，帮助他们解决了课堂教学中的一些具体问题，参加听课的园长、教师对此次教学观摩活动给予了很高的评价，表示该活动为他们提供了学习锻炼的机会，使他们从中学到了很多的教学方法，受益匪浅。

送课下乡活动实现了教育资源共享，促进了我们工作室与乡镇幼儿园之间的学习交流，达到了共同进步的双赢效果。

（三）开设讲座，共同交流

为了充分发挥工作室的示范引领作用，让我市更多的幼儿园园长和骨干教师领会幼儿园科学发展的内涵，切实转变教育管理理念，努力营造科学发展的氛围，提高幼儿园管理水平，引领幼儿园走上科学发展之路，同时，又为了提高工作室全体成员的专业水平，实现将工作室学员转变为专家型园长的培养目标，吴木琴园长积极创造条件，搭建各种平台，精心组织我们工作室的全体成员面对多个乡镇幼儿园开展了多次培训活动。我们开设了多场讲座，例如：吴木琴园长的"幼儿园园本课程建设"、信宜市教育城幼儿园张萍园长的"阳光文化引领，打造特色幼儿园"等。2020 年我在信宜市教育城幼儿园面对全信宜乡镇中心幼儿园的园长、教师做了"园本特色文化创设"的讲座，在讲座后还与大家进行了深入的交流研讨。这次活动让在座的学员和园长、老师们感受到幼儿园管理文化的多样性，正因为其多样性才让管理文化有了交流互鉴的价值，也因交流互鉴变得更加丰富，从而更好地促进茂名地区学前教育的发展。

### 三、收获反思

在这三年的工作室支教活动工作中，我们从如何管理幼儿园、如何科学有效地组织幼儿园一日活动的目标出发，结合农村有限教育教学资源，对乡镇、农村的幼儿园一日活动组织管理提出有效的建议和符合实际的指导，解决了乡镇幼儿园教师外出学习的交通不便和经费短缺的问题，使农村的园长、教师不出门就能听到城里高水平教师的授课，且能达到学习与交流的目的。我本人的管理能力、科研能力等专业水平也得到了很大的提升。

广东省吴木琴名园长工作室开展的支教活动把最新的幼教知识、最有效的管理方法，毫无保留地与茂名市各地区的园长、教师们相互交流、相互学习，促进了城乡教育均衡协调发展，为茂名学前教育打造了一条生机勃勃的共同发展之路。

## 送教促发展，帮扶共成长

信宜市教育城幼儿园　张萍

作为广东省吴木琴名园长工作室的成员，为了充分发挥省级名园长工作室的示范引领和辐射带动作用，提升乡镇幼儿园园长的管理能力及教师的教育教学能力，我每学年制定送教下乡的培训计划，采用"走下去，请进来"的方式，带领本园骨干教师到信宜市朱砂中心幼儿园、新宝中心幼儿园等7所乡镇幼儿园开展送教下乡活动，对乡镇幼儿园的教学教研、办园水平等起到了指导和引领的作用。

## 一、采用"走下去"的方式开展活动

### （一）优秀课例示范，促进教师专业成长

根据乡镇幼儿园迫切需要音乐课、体育课等优质示范课的实际情况，我园把符合需求、切实落地的优秀课例带到帮扶园。如：我园的陆秋怡老师的音乐课《茉莉花》、温文洪老师的体育活动《炸碉堡》等课例中，教师生动有趣的教学环节、丰富多样的组织形式、有效的师幼互动、自然巧妙的点拨引导，给大家留下了深刻的印象，使观摩的每位教师在听课后都能结合自身教学实际有所思、有所获。

体育活动《炸碉堡》 　　　音乐活动《茉莉花》

### （二）室内外环境与区域活动指导

我们通过观察乡镇幼儿园的园所环境，根据实际情况给予其合理、科学的指导意见。观察区域活动的开展后，就区域活动的理解、幼儿园游戏的地位、活动区游戏的类别与功能等方面进行研讨，既有理论的高度，又有生动的案例，让乡镇老师了解了幼儿园游戏的地位和价值，感受、理解了活动区游戏的环境创设、材料投放、整合推进的策略与方法，并且根据该幼儿园的场地和环境因素，指导逐步改进，呈现阶梯式进步。

（三）开展专题研讨活动，指导师资队伍建设

在送教的过程中，我们通过与乡镇幼儿园园长共同开展课程分析、教师队伍建设、园所管理、对《3—6岁儿童学习与发展指南》解读等专题研讨，帮助乡镇幼儿园园长、教师转变观念，增强自主管理、自主发展的意识。同时，我们指导园长以点带面，追求集体成长，把握好骨干教师培养和全体教师共同成长之间的关系，关注教师队伍整体素质的提高，使每位教师的工作主动性和创造性及聪明才智得到最大程度的发挥。

## 二、采用"请进来"的方式开展活动

通过邀请乡镇幼儿园到本园进行观摩交流活动，向乡镇幼儿园展示园本特色活动，让乡镇幼儿园教师在眼看、耳听、探究中获取直接经验，提高教师队伍综合素质，从而促进乡镇幼儿园的发展。

观摩室内区域活动的开展

观摩户外活动的开展

通过实地观摩，让乡镇幼儿教师充分了解怎样根据本园的资源科学设置锻炼场地，如何合理搭配区域内容，教师怎样有效指导等。

讲座研讨

### 三、取得成效

#### （一）更新教师观念

"送教"给乡镇幼儿园教师注入了新鲜的血液，让他们在观摩、交流、专题研讨中观念有了明显的改变，加深了对游戏化教学的认识，更加明确了游戏是幼儿最主要的活动形式，更是对"幼儿为主体，教师为主导"的作用有了进一步的了解，有效提升了自己的业务能力。

#### （二）促进了乡镇幼儿园规范办学行为

"送教"架起了交流的桥梁，共享了幼儿教育的资源，乡镇幼儿园逐步规范了办学行为，园长们的管理理念有了改变，办园管理有了规划性、科学性，减少了主观随意性，能根据园所实际情况发展自己的办园特色，全面提高了乡镇幼儿园的保教质量。

# 第二节　工作室学员优秀论文

## 基于积极体验的幼儿养成教育活动研究

茂名市第二幼儿园　吴木琴

**摘要**　以积极心理学为理论支撑，通过创设积极体验的物质环境与精神环境，开展积极体验的养成教育教学活动、生活活动、游戏活动、体育活动、亲子活动，构建了基于积极体验的养成教育园本特色课程体系，创编了基于积极体验的养成教育主题活动园本课程，促进了幼儿良好习惯的养成和健全心智的发展。

**关键词**　积极体验　幼儿养成教育活动

### 一、课题研究的背景

在科学技术迅猛发展的时代，良好的行为习惯已成为现代人应具备的最起码素质，良好的行为表现也成为测量和评价素质教育成果的重要内容和主要依据。近年来，从习惯入手来研究儿童德育开始受到国内外学术界的关注。世界许多国家对习惯于人格的关系研究越来越深入，许多国家的教育普遍重视以习惯养成为人格发展奠定基础。在我国幼儿教育中，长期重视知识传授、智力开发等，而对幼儿良好行为习惯的养成缺乏足够的重视和系统的教育，殊不知，幼儿阶段是一个人行为习惯养成教育的关键期。

目前的许多教育研究主要以哲学为基础，但教育作为一门操作性很强的学科，它除了要以哲学作为自己的理论指导之外，更重要的还要有自己的操作性基础。教育应把心理学研究作为自己的一个重要的操作性基础。积极心理学是当代心理学发展的一个新的主要方向，它的许多研究成果非常适用于教育研究。从积极心理学的角度来看，教育应强调以增进儿童的积极体验为途径，以培养儿童的积极人格为目标，同时要创造一个积极的社会环境作为儿童发展的外在保障。

近年来，我园先后开展了多个与养成教育相关的省、市级课题研究，大家对养成教育的重要性都有了充分的认识，并通过实践研究在如何培养幼儿良好的习惯方面积累了不少经验。然而，我们对养成教育的研究还有一定的局限性，在内容上着重对习惯养成的研究，在方法上以教学活动为主。

鉴于此，我们想在原来的基础上开展更为广泛、系统、深入的幼儿养成教育研究，开展以积极心理学理论为基础，以积累积极体验为主的幼儿养成教育活动的研究，旨在开创儿童养成教育研究的新路子。

**二、概念的界定**

1. 积极心理学

积极心理学是以美国当代著名的心理学家马丁·塞里格曼（Martin E. P. Seligman），谢尔顿（Kennon M. Sheldon）和劳拉·金（Laura King）为代表人物的心理学理论。他们提出"积极心理学是致力于研究普通人的活力与美德的科学"，主张研究人类积极的品质，充分挖掘人固有的潜在的具有建设性的力量，促进个人和社会的发展，使人类走向幸福。积极心理学研究的内容主要包括：积极主观体验研究、积极人格特质的研究、积极社会环境的研究。

2. 幼儿养成教育

本研究将幼儿养成教育界定为：依据幼儿的生理、心理特点和积极心理学原理，通过有规划、有组织的教育实践活动，经过以获得积极的体验为目的的反复训练和感受后，形成良好的行为模式的一种教育方法。

**三、课题研究的目标**

1. 以积极心理学理论为指导，构建园本课程，开展以获得积极体验为目的的生活活动、游戏活动、体育活动和教学活动，让幼儿养成良好的生活习惯、学习习惯和品德行为习惯，形成我园养成教育课程的特色。

2. 探索"积极体验教学模式"在幼儿养成教育中的有效应用，总结教学规律，为广大学前教育工作者提供可以参考的资料。

3. 通过实践研究，更新我园教师的教育理念，提高教师的教学能力和教育科研能力，促进教师与幼儿的共同发展，实现师生共赢。

4. 与家庭结成合作伙伴，开展家园共育，并积极支持、帮助家长提高育儿能力。

**四、课题研究的主要内容**

1. 积极体验的养成教育教学活动

开展各种生动有趣的区域活动、主题教学活动、"整合领域"教学活动，使幼儿通过愉快地参加这些教学活动，逐渐养成耐心专注、认真倾听、大胆发言、乐于学习、主动学习、喜欢阅读、仔细观察、敢于想象、乐于探究、积极创造等良好的学习习惯和思维能力。

2. 积极体验的养成教育生活活动

科学合理地安排幼儿在园的一日活动和开展有趣的生活体验活动，使幼儿通过愉快地体验各种生活活动，逐渐养成良好的作息、如厕、饮食、进餐、盥洗、整理等生活习惯。

3. 积极体验的养成教育游戏活动

开展各种角色游戏、结构游戏、表演游戏、智力游戏、音乐游戏、语言游戏、综合游戏等游戏活动，使幼儿通过愉快地参加各种游戏活动，逐渐养成礼貌待人、乐于分享、接纳他人、主动交往等良好的交往习惯和内心快乐、积极乐观、感受幸福、自我控制等良好的情绪管理习惯，发展幼儿的想象力、创造力、语言表达能力和动手动脑能力等思维能力。

4. 积极体验的养成教育体育活动

开展各种有趣的体育活动和户外活动，使幼儿通过愉快地参加这些活动，逐渐养成坚强、勇敢、自信、团结协作、不怕困难、热爱集体等良好的思想品质。

5. 积极体验的养成教育亲子活动

开展各种有趣的全园式的大型亲子活动、班级式的小型亲子活动和家庭式的个别亲子活动，使幼儿通过愉快地参加这些活动，逐渐养成尊敬长辈、孝敬父母、富有爱心、诚实守信、宽容礼让、做事负责、遵守规则、爱护公物等良好的道德品质。

**五、课题研究的方法**

1. 行动研究法：针对我园幼儿目前在养成方面存在的不足，有的放矢地进行针对性实践研究，在活动过程中不断总结、反思、修正、再实践，及时改进研究措施，逐步积累经验，达到实验活动方法与过程最优化的目的。

2. 文献资料法：认真学习现代幼儿教育教学理论和《幼儿园教育指导纲要（试行）》《3—6岁儿童学习与发展指南》等国家教育指导文件，收集相关的文献资料，使课题研究的内涵和外延更丰富、更明确、更科学。

3. 案例分析法：收集典型的活动案例，并对其进行研究分析，从中寻找课题进展的突破口。

4. 问卷调查法：采用问卷调查方式对家长和教师进行调查研究，了解当前幼儿养成方面的情况，了解家长和教师最亟待解决的幼儿养成方面的问题，和最希望形成的有益于幼儿终身发展的具体养成内容，并根据调查结果有针对性地采取相应的教育策略。

5. 经验总结法：在活动实践和研究的基础上，根据课题研究重点，随时积累一手素材，不断总结归纳，及时修正完善研究工作，最后形成有质量的研究成果，为广大一线幼儿教师提供更多的参考资料。

**六、课题研究的过程**

1. 课题研究准备阶段（2017 年 1 月—2017 年 3 月）

在此阶段，我们成立课题研究小组，搜集国内外与积极心理学相关的文献资料，了解国内外关于幼儿养成教育方面的研究现状，确定研究的主题，进行论证。对教师开展积极心理学相关理论知识的培训学习，帮助教师提升理论水平，为开展课题研究打下基础。申报课题立项。

2. 第一实施阶段（2017 年 4 月—2018 年 12 月）

本阶段我们制定了课题研究实施方案，明确课题组成员分工，组织教师进行全面深入的培训学习，进一步丰富积极心理学相关理论知识，举行课题开题会。

接着，以积极心理学理论为指导，制定具体的养成教育活动目标，选择活动内容，安排活动计划并实施，分别开展积极体验的养成教育教学活动、积极体验的养成教育生活活动、积极体验的养成教育游戏活动、积极体验的养成教育体育活动和积极体验的养成教育亲子活动。

同时，对家长开展有关积极心理学知识的培训，成立家长课题研究小组，发动家长参与课题研究，为幼儿创造积极的家庭教育环境和建立积极的亲子关系，以达到家园共育，对幼儿习惯的养成起到事半功倍的效果。

3. 第一实施阶段的小结与反思（2019 年 1 月—2019 年 3 月）

经过一年多的学习、实践和思考，课题组成员在总结了第一实施阶段的成果与问题后，感到实验课程未能充分体现积极心理学理论对课题的支撑。经过召开课题研讨会，决定调整实验课程内容，以积极心理学理论为课程的支撑，以培养幼儿的积极优势、积极情绪、积极应对为教育目标，幼儿园和家长共同为幼儿创设积极的集体环境和家庭环境，与幼儿建立积极的师幼关系、亲子关系，以积极体验式养成主题教学活动作为养成教育的主线，辅以日常体验活动、亲子体验活动、社会实践体验活动以及大型体验活动，以激发幼儿积极的情感体验，引导幼儿做出积极的行为，培养幼儿积极的人格品质和积极向上的心态。

4. 第二实施阶段（2019 年 4 月—2020 年 6 月）

本阶段在开展课题实践的同时，课题组注重开展对教师和家长有关积极心理学理论和操作方法的培训。对全园教师和家长开展"优势大转盘""我的优势在哪里""优势轰炸"和"建设优良家风"等专项内容的培训，让大家了解积极心理学，知道积极心理学致力于研究人的发展潜力和美德，通过自我思考和集体讨论找到自己和别人的最大优势，挖掘优点，帮助教师们和家长在心理上树立信心，感到自己是一个有价值、有能力、与众不同的人，养成积极思维、积极生活的新习惯，激发了教师和家长的积极心理，提高了教师和家长识别和培养幼儿积极优势、积极情绪的能力，为幼儿营造了积极的心理环境。

5. 成果整理与结题鉴定阶段（2020 年 7 月—2020 年 12 月）

本阶段重点工作在于课题研究成果的收集与整理，撰写专题论文和课题研究报告，编撰《积极体验的幼儿养成教育主题活动园本教材》《大型积极体验活动方案》《基于积极体验的社会实践活动案例》《基于积极体验的家长课堂教案》《培养幼儿积极心理的活动设计》和《基于积极体验的幼儿养成教育活动研究》论文集等，接受专家组的结题鉴定。

**七、结果与分析**

"基于积极体验的幼儿养成教育活动研究"课题经过几年的实践探索，取得了丰硕的成果。

**（一）构建了养成教育园本特色课程**

1. 构建了基于积极体验的养成教育园本特色课程体系

我们以积极心理学为理论支撑，开展了积极教育，致力于培养幼儿的优秀品质和美好心灵，促进心理、积极和谐发展与心理潜能的充分开发，不仅关注幼儿未来的发展与幸福，同时也关注幼儿当下的健康与幸福，让幼儿体验到教育过程的快乐与幸福，促进幼儿心智的启蒙与发展，构建了以"积极体验，快乐养成"为核心的园本课程体系。

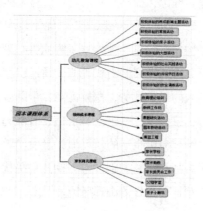

2. 构建了基于积极体验的养成教育主题活动园本课程

我园将积极心理学中三个层面的关心融合到园本课程的设计当中，以积极的态度重新解读幼儿养成教育，构建了以"积极体验，快乐养成"为核心理念的"一个理念、两个支撑、五个维度、七个主题、二十四个方案"的基于积极体验的幼儿养成教育主题活动园本课程。

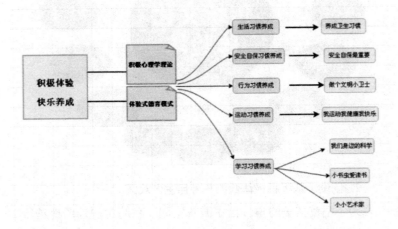

**（二）创设了积极体验的特色环境**

1. 创设了基于积极体验的传统文化体验馆

为了让孩子们每天在自主游戏中通过操作、体验、学习，全面感受传统文化之美，在传统文化的丰厚滋养中快乐成长，我们立足实际，突出特色，创设了青花坊、首饰坊、木工坊、剪纸坊、拓印坊、石艺坊、编织坊、扎染坊、建筑坊、陶艺坊、刺绣坊等16个特色鲜明的传统文化体验坊。在此基础上，我们开展了一系列有关传统工艺、传统民俗的自主游戏活动，形成了一班一体验馆，一班一特色，为孩子们创设了传承传统文化教育的良好环境。

2. 创设了基于积极体验的户外自主游戏区

为了拓宽孩子的户外自主游戏空间，我们对户外场地进行了全面改造，建起了两层大型游戏架、足球场、篮球场、旱喷广场等。在此基础上，我们根据户外游戏架和户外场地的特点，设置了自然小舍、农家小院、趣味野战、沙堡乐园、涂鸦天地、绿茵小阁、快乐小溪、高空勇士、我型我造等13个游戏区。每天组织幼儿到游戏区参加自主游戏活动，使幼儿在丰富多样的游戏中自主思考、合作交流、探索发现，从而获取经验，体验自主操作的乐趣，形成良好的学习品质，促进了幼儿身心全面协调发展。

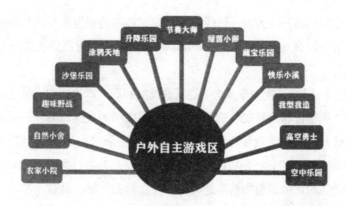

（三）促进了全员共同发展

1. 促进了幼儿良好习惯的养成和健全心智的发展

我园体验式养成教育园本课程体系通过教师和家长积极的语言模式和行为模式，为幼儿做出了积极的示范，潜移默化地影响着幼儿，成为幼儿学习的榜样。孩子们争当礼仪小天使、值日小天使、文明小天使，通过为小伙伴、为成人、为社区服务，养成了讲文明、讲礼貌、乐于助人、遵守规则等文明礼仪品德。孩子们积极参加每周故事比赛、亲子微剧场、大小朗读者、亲子晨跑、亲子晨练等活动，养成了乐观、积极、自我悦纳等积极品质。积极体验的主题活动为培养孩子们良好的学习品质提供了途径，孩子们参与科学小实验、分享我最喜欢的图书、到涂鸦墙挥笔作画等活动，展现出专注目标、积极参与、爱动脑筋、大胆探索等优秀的学习品质。在母亲节、父亲节、重阳节等传统节日的活动，孩子们与家长积极互动，向母亲、父亲、爷爷奶奶、外公外婆等亲人表达关爱和感恩之情……这些活动引导幼儿发现自身的积极品质，同时也发现他人的积极品质，在学习的过程中既掌握了技能，也培养了积极品质，在积极的情绪体验、积极的个性特征、积极性心理过程等方面都获得了有意义的成果，每个孩子都变得性格开朗大方、热情洋溢,拥有各自的积极优势,并能在日常中发挥优势来对抗压力和抑制不良行为,获得家长的一致肯定。

2. 促进了教师专业水平的高速发展和职业幸福感的不断递增

积极体验的养成教育需要具有积极优势的优秀教师——能够让幼儿快乐并让教学活动有效的教师,务求"润物细无声"和"无声胜有声",将积极体验教育渗透到幼儿教育行为之中。教师对幼儿的优势识别和培养是实现积极教育的关键,是孩子增长知识、维持友谊、取得成就的基础。提高教师的优势识别能力,就要教师从识别自身的优势开始,提高教师自身的心理健康水平,养成积极的思维方式和乐观的生活态度,将积极教育由点到面延伸到幼儿的生活当中,渗透到各个教育环节与方方面面中。改变与孩子的互动方式,关注孩子的优势品格,调动积极情绪,积极主动地回应幼儿,不仅能增加教师的个体的幸福感,缓解抑郁与焦虑等由于工作压力带来的心理不适,同时能达到幼儿个体学习能力的提升和传统教育目标的实现,教师们与孩子们更幸福,两者相互促进。在几年实践中,教师们的积极心理与积极优势得到充分发展,教育教学观念和职业观发生了转变,真正成为幼儿学习活动的支持者、合作者与引导者,教师们运用现代心理学和现代教育技术进行幼儿德育的能力不断增强,专业水平得到高速发展,职业幸福感不断递增。

几年来,教师的课题获得广东省教育教学成果奖二等奖 1 项,获得广东省中小学教育创新成果奖二等奖 1 项、三等奖 2 项,有 5 人获得市级以上的课题立项;教师的课例及论文获得省、市级奖励 155 项,发表论文 14 篇;课题主持人出版专著 1 部,编著 1 部;课题主持人被评为广东省特级教师,被遴选为广东省名园长工作室主持人；3 名教师分别被评为茂名市基础教育系统名教师和名班主任，幼儿园共成立省、市级名园长、名教师工作室 4个，带动了茂名地区学前教育的快速发展，促进了教师与幼儿的共同成长，实现师生共赢。

3. 促进了家长教育理念的改变与育儿水平的提升

积极教育离不开一群具有积极教育理念的教师，同样离不开一群具有积极教育理念的家长。幼儿园既是帮助幼儿成长的环境创建者，也是与家庭建立互惠关系的合作者。几年来，我们通过家长学校、家长课堂、家长助教、家长委员会等形式，积极实施家园共育，向家长介绍我园的办园理念、办园宗旨和办园目标，为家长开讲座、做培训，将家长引入课堂，积极与家长沟通和互动，带动家长养成积极思维、积极生活的好习惯，引导家长与老师、幼儿园建立平等互助的亲密关系，与孩子建立积极的亲子关系，推动家长、幼儿、教师全员参与，从老师做起、从家长做起、从自身做起，将积极体验的养成教育从幼儿园延伸至家庭与社区，形成全员与幼儿建立积极的沟通、全员对幼儿的积极情绪有及时的反馈、全员对幼儿维持积极正向的引导的教育大环境，形成良好氛围，识别并悦纳幼儿的行为表现，顺应并发展幼儿的积极天性，培养幸福快乐、积极乐观的阳光儿童，使孩子成为一个具有优秀道德品质的人。

**参考文献**

［1］马丁·塞利格曼. 教出乐观的孩子［M］. 浙江：浙江人民出版社，2013.

［2］克里斯托弗·彼德森. 积极心理学［M］. 北京：群言出版社，2010.

［3］任俊. 写给教育者的积极心理学［M］. 北京：中国轻工业出版社，2015.

［4］孙云晓. 习惯养成有方法［M］. 浙江：浙江文艺出版社，2016.

# 体验教育的探索与实践

茂名市第二幼儿园　吴木琴

**摘要**　体验教育指的是教育对象在实践中获得知识、技能和情感。文章阐述了通过对常规体验活动、社会体验活动、亲子体验活动、节日体验活动、四大节体验活动的探索与实践，让幼儿通过学习体验、行为体验和内心体验，养成了良好的习惯和健全的心智。

**关键词**　幼儿　体验　活动　教育

所谓"体验"，简而言之是指通过实践来认识事物。"体验教育"就是教育对象在实践中获得知识、技能和情感。这里的"体验"包括两个层面——行为体验和内心体验。行为体验是一种实践行为，是亲身经历的动态过程，是孩子发展的重要途径。内心体验则是在行为体验的基础上所发生的内化、升华的心理过程。两者是相互作用、相互依赖的，对促进儿童的发展具有积极作用。体验教育是把孩子作为学习的主体，让孩子亲自参与或置身某种情景中，用心智去感受、关注、欣赏、评价某一事件、人物、环境、思想和情感等，从而获得知识、技能、情感而达到教育目的。其核心价值是：让孩子们在体验中快乐成长。卢梭的"自然教育"、杜威的"在做中学"、皮亚杰的"认知发展阶段论"、陶行知的"教学做合一"、刘惊铎的"亲验活动"和"想验活动"等都说明了体验学习的必要性与不可或缺性。《3—6岁儿童学习与发展指南》中指出："幼儿的学习是以直接经验为基础，在游戏和日常生活中进行的。"由此可见体验教育在幼儿园教育中的重要性。近几年来，我在体验教育方面进行了一系列的探索与实践，开展了"活动体验""情景模拟体验""情感交流体验""阅读感悟体验""参观访问体验"等主题实践活动，让孩子进行"学习体验""行为体验"和"内心体验"，在体验中学习，在体验中成长，把教育要求内化为品质，外显为行为。

**一、开展常规体验活动，培养幼儿良好习惯**

开展常规性的体验活动，可以促进幼儿养成良好的生活习惯、学习习惯、行为习惯、安全自保习惯等。

1. 开展每日常规体验活动

一是开展积极体验的生活活动。科学合理地安排幼儿在园的一日活动，制定良好的生活常规。幼儿通过愉快地体验各种生活活动，逐渐养成了良好的作息、如厕、饮食、进餐、盥洗、整理等生活习惯。

二是开展积极体验的体育活动。每天利用两个小时的户外活动时间开展各种体育活动和户外活动，幼儿通过愉快地参加这些活动，逐渐养成了坚强、勇敢、自信、团结协作、热爱集体等良好的思想品质。

三是开展积极体验的自主游戏活动。每天利用一个小时的自主活动时间开展各种自主游戏活动，各班都创设了材料丰富的语言区、科学区、益智区、美工区、娃娃家、音乐区、扮演区、建构区等区域，供幼儿参加各种自主游戏活动。幼儿通过参加各种体验式的自主游戏活动，逐渐养成了乐于分享、接纳他人、主动交往等良好的交往习惯。同时，这些活动也培养了幼儿的自主学习能力，发展了幼儿的想象力、创造力、语言表达能力和动手动脑能力。

四是开展积极体验的教学活动。给幼儿提供丰富的学具和材料，每天开展各种生动有趣的主题教学活动和"整合领域"教学活动。在开展这些教学活动的过程中给幼儿提供尽可能多的直接感知、动手操作、亲身体验的机会。幼儿通过愉快地参加这些教学活动，逐渐养成了耐心专注、认真倾听、大胆发言、乐于学习等良好的学习习惯。

2. 开展每周常规体验活动

开展每周评选"礼仪之星"活动，激励幼儿做好"礼仪小天使"值日工作，培养了幼儿从小讲文明和懂礼貌的礼仪习惯；开展"每周故事比赛"活动，给孩子提供一个展示自己才华的舞台，同时也让小朋友在这些蕴含着教育意义、富有童趣的故事中获得了精神的滋养；开展小记者一周见闻播报活动，在每周一升旗仪式上设小记者一周见闻播报环节，提高了小朋友的语言表达能力，增强了小朋友的自信心；开展"我绘我心"每班每周一次的涂鸦活动，在活动中幼儿充分发挥想象力和创造力，大胆展示自我，在参与中享受了成功，促进了幼儿全面和谐发展。

3. 开展每月常规体验活动

开展安全演练活动能增强幼儿的安全意识，提高他们的自护自救能力。因此，我园每月都开展一次安全演练活动，活动的主题有以下几个：一是防溺水演练活动。演练的内容有"一盆水闭气"水中憋气体验、模拟溺水体验、宣读《游泳六不准承诺书》、防溺水安全知识教育等。通过演练，孩子们深刻地认识到了溺水的危害，知道了自护自救的方法，懂得了安全游泳的注意事项。

二是开展"防震减灾"疏散演练活动。演练的程序是：假定地震发生，指挥部发出启动演练暨紧急避险指令；师生就近紧急避险；假定第一波地震平静，指挥部发出紧急撤离指令；师生紧急撤离，疏散到临时撤离人员集中区；领导小组定点召集各组负责人；避险撤离组报告安全撤离师生人数、受伤人数和受伤情况以及可能被困人数；指挥部发出结束演练暨解除险情信号，宣布演练结束；组长总结和讲评演练情况。通过防震避险演练，幼儿逐渐学会了防震避险，提高了自我保护和抗击突发事件的应变能力。

三是开展消防演练活动。演练的流程是：后勤人员提前在楼梯点燃烟雾饼营造着火氛围；发出火灾警鸣声，幼儿在老师的带领下迅速有序地疏散到操场；老师向指挥部汇报人数；园长小结演练情况；消防车进场；消防员叔叔介绍消防设备及使用方法；参观消防车。通过演练，使幼儿初步掌握基本的安全防火、灭火知识，培养幼儿的消防意识，提高幼儿的自我保护能力。

四是开展防暴演练。演练过程是：教师带领幼儿在一楼的操场上开展游戏活动，家长扮演的持刀歹徒出现；安全应急小组成员立即向园长报告，并拉响警报，同时迅速打电话进行报警；保安立即启动防暴预案，快速向老师喊话，指挥孩子快速撤离到安全地方；老师负责组织孩子迅速撤离，保安与行政人员马上使用各种防暴工具奋力抵抗歹徒的行凶，与歹徒周旋，等待执法人员的到来；各班教师带领幼儿疏散到相应的安全地点后，迅速地关门关窗，用桌椅抵住门，及时清点人数，维持好秩序，稳定幼儿情绪；演练结束后对幼儿进行心理疏导。通过演练，幼儿增强了安全意识，提高了遇到突发事件时的应急逃生和自救的能力。

**二、开展社会体验活动，开拓幼儿社会视野**

幼儿年龄小，对社会缺乏了解，带领他们走进社区，参观和认识各种场所,可以让他们对社会有直接和感性的认识,开拓社会视野。

1. 参观图书馆。让幼儿参观图书馆的环境,了解图书馆里不同种类的图书,了解图书馆工作人员的职责,了解图书馆各个部门的主要功能,了解图书馆借阅图书的方法及办理借书证的相关手续,体验在图书馆阅读的氛围,体验借书和还书的方法,分享读书的快乐,从而激发幼儿阅读的兴趣,养成良好的阅读习惯。

2. 参观博物馆。组织幼儿到博物馆逐一参观各个场馆,听解说员解说每个场馆展品的历史和由来,从而让幼儿了解茂名的历史,了解茂名的风土人情和民俗文化,使他们初步萌发对家乡的热爱之情。

3. 参观消防队。组织幼儿到消防中队,现场认识消防车及常见的消防工具,学习简单的逃生技能,观看消防员叔叔使用灭火器的方法并学习使用灭火器的步骤,听消防员叔叔的教导——"不玩火",观看消防叔叔演示快速穿战斗服和日常训练,了解消防车、云梯车的功能,参观消防员叔叔的宿舍。最后小朋友们为消防员叔叔表演小节目并向消防员叔叔送上小礼物。通过参观,幼儿能够直观地认识消防车,了解常见的消防工具,了解消防员叔叔的训练和生活的情况,提高防火的安全意识,并产生对消防员叔叔的敬佩、热爱之情。

4. 参观银行。带领幼儿到银行参观,听银行工作人员介绍钱币、理财的基本知识;参观业务办理区、自助银行区、电子银行体验区等场所;参加在排号机上排号、到柜员机上存一笔钱和说出工作人员用点钞机点钱的张数等体验活动。有趣的体验环节,能够让孩子们在玩乐中接受金融启蒙教育,激发孩子们对金钱管理的兴趣,培养孩子的"财商"。

5. 参观派出所。组织幼儿参观派出所，听警察叔叔讲解如何拨打 110，遇到危险如何自我保护；参观监控室，了解其作用，观察监控画面，感受民警叔叔时刻在保护着我们；参观审讯室，感受犯法的人员要受到惩罚；听警察叔叔介绍他们的常用工具；等等。通过参观，幼儿能够了解派出所民警的基本工作内容和工作环境，初步懂得遵纪守法的重要性，了解一些简单的自我防卫知识，产生尊敬民警、感谢民警的情感。

6. 参观水厂。组织幼儿参观自来水厂，让孩子走进厂区，听自来水厂的叔叔介绍厂区的各种设施；参观自来水的净化处理过程，让幼儿了解自来水从哪里来。通过参观，幼儿能够知道自来水的来之不易，从而学会珍惜自来水，节约用水，增强环保意识。

7. 参观书店。组织幼儿参观书店，听书店的阿姨介绍图书的分类，让幼儿了解有关图书方面的知识，感受书店图书的丰富。最后，让幼儿自由看书和体验选书、付款等买书过程。通过参观，增长了幼儿对图书方面的知识，激发了幼儿对阅读的兴趣。

8. 参观超市。组织幼儿到超市参观，听超市里的服务员介绍超市商品的分类、摆放、价格和购买商品的注意事项等。最后，让幼儿带着任务去体验挑选商品和结账的购物过程。通过参观，幼儿能够初步了解超市与人们生活的关系，学会文明购物和体验购物的乐趣。

### 三、开展亲子体验活动，增进亲子情感交流

丰富多彩的亲子活动在充分发挥家长的作用的同时，能通过各种方式促进亲子交流，增进亲子感情，提升幼儿各种素质。

1. 开展亲子同乐活动，增进亲子感情交流

亲子同乐活动的形式多种多样，一般可结合各种节日开展不

同主题的节日活动。一是利用元宵节开展"欢乐猜灯谜，喜庆过元宵"活动。活动内容一般有猜灯谜、包汤圆等。这种"闹元宵"活动，融入了美食、亲子、中国传统文化等多种元素，让小朋友们在家长和老师的陪伴下愉快地度过元宵节的同时，还能感受到中国传统节日的魅力。二是利用国庆节举行"迎国庆大型亲子游园会"活动。活动的内容主要是各种生动有趣的亲子游戏，让幼儿在玩玩、看看、做做中用自己的方式庆祝祖国妈妈的生日，在体验中既表达了对祖国的热爱之情，也让孩子与家长在活动中感受到了节日的快乐，增进了亲子之间的感情。

2. 开展亲子健身活动，提高幼儿身体素质

亲子健身活动可以培养幼儿的运动兴趣，增强幼儿的运动能力，提高幼儿的身体素质。

一是举行亲子徒步节活动。我园近年来每年都举行一次亲子徒步节活动，活动的地点是我们茂名市的母亲河——小东江两岸，走的路程是6公里左右。在徒步的过程中，小朋友们表现得毅力非凡，连3岁的小班孩子都能够互相鼓励、互相支持着走完全程。徒步节活动能够让孩子走进自然，感受美景，增强意志，加强环保意识，使小朋友和家长、老师体验运动的快乐，获得情感的交流。

二是举行亲子运动会。亲子运动会倡导"热爱运动，健康成长"的精神，通过亲子齐锻炼的方式，培养家长与孩子的运动习惯，使孩子们感受运动的快乐，感受成功的快乐，实现亲子同乐、家园共育。运动会的内容丰富，花样繁多。亲子运动会可让孩子们在运动中收获健康，在运动中体验亲情和友情，在集体中感受温暖和快乐。

三是举行亲子晨练活动。亲子晨练活动的形式有两种：一种

是亲子晨跑。我园的门口是茂名市新湖公园，为了发挥这一得天
独厚的地理位置优势，我园把每周的周三定为亲子晨跑日，让家
长带领孩子在公园里晨跑。另一种是亲子早操。我们把每周的周
五定为亲子早操日，邀请家长来园和孩子们一起参加晨练和做早
操。在家长的参与和带动下，孩子们的运动兴致越来越高，达到
了亲子共同锻炼的目的。

3. 开展亲子义卖活动，培养孩子良好品格

乐善好施、扶贫济困是中华民族的传统美德，助人为乐、奉
献社会是国民的共同追求。为了培养幼儿乐于分享、热心助人的
优秀品质，让幼儿从小学会感恩和奉献，我园近年来每年都在 6
月 30 日"扶贫济困日"组织开展亲子义卖捐款活动。

义卖活动中，小朋友们可轮流当"小老板"和"小顾客"，
体验当"老板"和当"顾客"的不同滋味。活动以家庭为单位自
愿参加，由家长带领小朋友准备货物、逐个标价、设计海报、摆
放摊位和交易买卖。小朋友和家长把自己制作的、购买的、家里
闲置的图书、手工艺品、玩具、文具、食品等物品带到幼儿园，
精心摆放。义卖现场，孩子们、家长们和老师们踊跃参加，争相
购买，操场上叫卖声连绵不断，气氛火爆。"小老板"们在这个
义卖的平台不仅奉献了自己的爱心，还增加了他们社会交往的能
力，增加了他们的自信心。小顾客们在爸爸、妈妈的带领下，挑
选自己喜欢的义卖品，既得到了自己心仪的物品，又奉献了爱
心，更加体会到了"爱"的意义和价值。最后，他们会把卖出物
品所得的一张张伴随着辛勤汗水的人民币投入捐款箱，再由幼儿
园统一送到茂名市慈善总会捐献给贫困地区的孩子们。"扶贫济
困日"亲子义卖活动让每个孩子学会了关爱他人，帮助别人，奉
献社会。

4. 开展亲子展演活动，培养幼儿表现能力

亲子展演活动可以让幼儿在父母的陪同和参与下，充分展现自己的艺术才能，艺术表现力得到提高。

一是举行亲子童话剧展演。童话剧是根据文学作品中的情节、内容和角色，让幼儿通过语言、表情和动作进行表演的一种有组织、有目的的艺术形式，融语言、想象、合作、创造、动作、倾听于一体，可以丰富幼儿的想象空间，让他们尽情模仿角色，体验语言交往的快乐，帮助幼儿建立良好的自信心。我们在每年的读书节活动期间都举行亲子童话剧表演。他们表演的剧目内容丰富多彩，他们的表演童趣盎然，精彩纷呈，家长和孩子们的表现落落大方，认真投入。童话剧表演不仅给孩子和家长搭建了一个提升艺术想象和展示表演能力的平台，同时也激发他们对文学作品的兴趣，提高语言表达能力，让孩子们在懂道理、学知识的同时，体验和感受到童话剧表演的魅力，更让幼儿感受到亲子表演的快乐，增进亲子感情。

二是举行亲子手工制作展演。为了增进家长与孩子之间的互动性和合作性，锻炼孩子的动手动脑能力，提升孩子的创造能力，我们每年都会举行亲子手工制作展演活动。如：为了促进家长与孩子对"一带一路"沿线国家和地区文化的了解，我们组织了"一带一路"亲子手工制作展演活动。家长和孩子们充分发挥自己的聪明才智和丰富的想象力，利用各种材料制作出匠心独运的手工作品。一件件精美的作品不仅展现着家的和谐，给孩子们带来艺术的熏陶，还帮助孩子感知了"一带一路"重点区域的主要资源及文化，感受了"一带一路"沿线地区的历史文化魅力。

5. 开展亲子春游活动，带领幼儿亲近自然

亲子春游活动可以让孩子们感受春天景色的变化，亲近大自

然，热爱大自然，拓宽视野，增进亲子之间的感情。每年的三四月份，我们都会围绕一个主题举行亲子春游活动。如：2018 年 3 月 17 日，我们组织了小朋友和家长们一起到茂名市森林公园，开展以"大手拉小手，创卫一起走"为主题的亲子春游活动。春游的活动内容丰富，小朋友在老师的带领下，在草坪上、树底下、小路边，把发现的落叶、枯枝、纸屑、包装袋等捡进自己带去的垃圾袋里，爸爸妈妈们也以身作则，和小朋友一起捡起地上的垃圾，使大家的所到之处变得更加干净整洁。孩子们学会了在享受大自然带给自己美好的同时还要爱护它，做一个"环保小卫士"，为茂名市的"创卫"出一份自己的力量。各班老师还为小朋友准备了有趣的亲子游戏，让家长带着小朋友一起尽情地玩耍。有趣的亲子游戏结束后，各班分组走不同的路线，继续在公园里游玩，有的看各种各样的动物，有的去"勇敢者之路"探索，有的观赏生机勃勃的植物，有的参观展览馆，有的走植物迷宫，等等。这次春游活动，不但让家长和小朋友感受到了春天的变化，亲近了大自然，促进了亲子之间和家园之间的和谐，更让孩子们体会到美好的环境需要我们共同来维护。

**四、开展节日体验活动，培养幼儿感恩之情**

亲子节日活动虽然内容简单，但很隆重，充满仪式感，可以培养幼儿的感恩之情。

1. 举行"庆三八·亲子乐"活动。活动内容有：孩子们为妈妈送上香吻和拥抱，喂妈妈吃东西，和妈妈快乐地游戏，用稚嫩的歌声给妈妈送上节日的问候，用自制的手工礼物寄托对妈妈最真诚的祝福——孩子们用最实际的行动表达自己对妈妈最真实的爱和感恩之心。这样的活动，培养了孩子们敬爱父母的传统美德和关心他人的良好习惯。

2. 举行"温馨母亲节"活动。活动的环节有：妈妈感谢奶奶（或外婆），妈妈牵着孩子的手站在老人面前，向老人鞠躬，为老人梳头，感恩老人的养育之恩，为小朋友树立榜样；小朋友感谢妈妈，为妈妈捏捏肩、捶捶背，为妈妈送上精心准备的礼物和祝福，与妈妈共同跳舞，和妈妈深情拥抱等。这样的亲子活动能够促进家园共育，让小朋友从感恩母亲开始，懂得知恩图报，成为一名善良的、有感恩之心的人。

3. 举行"快乐父亲节"活动。在活动中，小朋友的爸爸为爷爷按摩、捶背，带着自己的孩子为老人家敬茶、送礼物，通过自己的真实行动表达对父亲的爱，让自己的孝行成为孩子的榜样。孩子和爸爸抱一抱，亲一亲，为爸爸捶捶背，捏捏腿，喂爸爸吃东西，为爸爸唱首歌，对爸爸大声说出爱，和爸爸玩游戏等。这样的亲子活动，让父亲们充分展现出他们有力、温柔、细腻的一面，提供孩子和爸爸沟通交流的机会，满足父亲与孩子充分嬉戏的愿望，增进父子、父女间的感情，让孩子们学会感恩父亲。

4. 举行"爱老敬老"重阳节活动。来园参加活动的是小朋友的爷爷奶奶、外公外婆。活动的内容有：小朋友为爷爷奶奶、外公外婆表演节目，和他们一起玩手指操，为他们捏捏腿、捶捶背，给他们送礼物，为爷爷奶奶、外公外婆表示衷心的节日祝贺和崇高的敬意。这样的活动能够激发幼儿的爱老敬老之心，让他们为爷爷奶奶、外公外婆送去祝福与欢乐，让爷爷奶奶、外公外婆感受到来自孩子的温暖和敬意。

**五、开展四大节体验活动，促进幼儿全面发展**

每年举行读书节、艺术节、科技节和运动节四大节活动，开展一系列的体验活动，可以促进幼儿全面发展。

1. 开展读书节系列体验活动。为了培养幼儿爱读书、乐读书、会读书的习惯，近几年来，我们在每年的世界读书日期间都开展为期一个月的读书节活动。活动的主题是"与书籍相伴，让文明相随"，活动的内容有："大小朗读者"亲子诵读活动、"我带一本书，大家一起读"图书分享活动、图书漂流活动、"跳蚤书市"活动、"小书虫爱读书"评选活动、"小书虫擂台赛"活动、亲子童话表演活动、"爸爸妈妈故事团"活动、家长助教活动，等等。在这一系列的活动中，孩子们体验诵读、体验经典、体验分享、体验读书、体验买书、体验卖书、体验表演、体验竞赛……浓厚的读书氛围，丰富的体验活动，充分激发了孩子们的读书兴趣，使他们养成了良好的读书习惯。

2. 开展艺术节系列体验活动。为了给幼儿创造一个艺术气息浓郁的环境，培养幼儿健康的审美情趣和良好的艺术修养，我们每年举行一次艺术节活动。活动的内容有文艺汇演、个人才艺展演、大型现场绘画活动、亲子手工制作展览、乐器演奏欣赏、书法体验活动、传统文化之旅等。这些艺术体验活动的开展，激发了幼儿对艺术的兴趣，提高了幼儿的艺术表演技能，使幼儿的艺术特长得到发挥。

3. 开展科技节系列体验活动。科技节的活动丰富多彩，主要内容有：带小朋友走出幼儿园，参加社会实践活动；请家长走进课堂，给小朋友演示各种科学小实验；完成"亲子任务"，家长和幼儿在家一起做科学小实验；制作亲子科学观察记录；"全园科技大循环"活动；等等。重头戏是闭幕式活动，闭幕式当天，邀请家长志愿者来园与小朋友一起分享生活中有趣的科学小实验，一般会有几十甚至上百个小实验同时进行，小朋友们可以自由去体验自己感兴趣的各种小实验。科技节让小朋友们在玩中学，学中玩，尽情地享受科学、体验科学，不仅激发了他们探索科学的奥秘的兴趣，还开拓了他们的科学视野，增长了科学知识，提升了学习科学的能力。

4. 开展体育节系列体验活动。体育节的活动主题是：我运动，我健康，我快乐。参加对象是全园幼儿、教师与部分家长代表。活动内容有接力赛、跳绳、拍球和各类竞技性体育游戏等。形式既有幼儿的、教师的、家长的，还有亲子的。一般会提前一个月开始利用户外活动时间进行训练，到开幕式当天进行比赛。体育节的举行，激发了幼儿参加体育活动的积极性，发展了幼儿身体的协调性和灵活性，增强了幼儿的体质，让幼儿感受运动的快乐，感受成功的快乐。与此同时，亲子运动还能增加亲子感情，培养家长与孩子的运动习惯。

经过这几年在体验教育方面的探索与实践，我深深地认识到，幼儿由于年龄小，缺乏生活经验，思维直观形象，就是需要在各种真实的体验活动中直接感知、动手操作、亲身体验，这样才能习得经验，获得发展。因此，对他们的教育最好的方式就是体验教育，在体验教育中让他们用眼睛去观察，用耳朵去倾听，用双手去触摸，用心灵去感受——通过各种感官去感知事物，通过双手双脚去探索事物，通过活动去操作、摆弄、实验和思考，从而真正认识事物，积累经验，锻炼思维，形成品质。

**参考文献**

[1] 让·皮亚杰. 皮亚杰教育论著选 [M]. 北京：人民教育出版社，2015.

[2] 理查德·普林. 约翰·杜威 [M]. 北京：黑龙江教育出版社，2016.

［3］徐莹晖，王文岭．陶行知论生活教育［M］．北京：四川教育出版社，2015.

［4］刘惊铎．道德体验论［M］．北京：人民教育出版社，2003.

［5］教育部关于印发《幼儿园教育指导纲要（试行）》的通知［EB/OL］．（2001－07－02）https：//baike. so. com/doc/5388464－5625039. html.

# 幼儿园精细化管理之我见

茂名市第二幼儿园　吴木琴

**摘要**　在幼儿园工作中推行细节服务，实施精细化管理，是新形势下提升幼教服务质量和管理水平的必然要求。本文主要从制度管理、教师管理、教育教学、卫生保健、安全工作、家园共育等方面阐述幼儿园的精细化管理，做到在"精"字上做文章，在"细"字上下功夫，向精细化管理要质量，用精细化管理促提高，确保幼儿园每一项工作高效开展。

**关键词**　幼儿园　精细化　管理

幼儿园的精细化管理质量决定着幼儿园的保教质量，代表着一所幼儿园的形象，体现着一所幼儿园的园本精神。精细化管理要求管理的每一个步骤都要精心，每一个环节都要精细，每一项工作都要致力于打造精品。要打造精品幼儿园，保持高质量的幼教服务水平，就需要用精细精神来维系、来支撑，将这种理念渗透于幼儿园管理的方方面面，渗透于保教工作的全过程，以此来促进幼儿园整体工作上层次，上水平。那么，怎样才能做到管理的精细化呢？经过多年的探索与实践，我有以下体会。

**一、建立精细化的制度管理体系，确保园所管理制度化**

1. 完善制度管理。我们非常注重健全园内各项规章，以"人人有职责、事事有规矩"为目标，根据幼儿园的工作实际，先后制定和完善了 42 项制度和规定，既有人事管理制度、考勤奖惩制度、教学管理制度、安全管理制度、总务后勤管理制度等内部管理制度，又有家长工作、社会活动等涉外关系制度，既有约束性制度，又有引导、激励性制度，使管理制度化、精细化、科学化，让幼儿园管理文化自然融于规范运行与高效实践中，做到以制度促管理，以管理促质量。

2. 实行民主管理。坚持"以人为本"，健全机制，加强监督，规范管理。充分发挥党支部、团支部、工会等组织的作用，构建"领导—教职工—家长"三位一体的互动的民主管理方法，实行园务公开制度，工作的透明度高。定期召开园务会、教代会、家委会，积极听取教师与家长的意见与建议，向全园教职工和家长广泛征求意见及建议，让教职工和家长普遍参与，增强了管理活力，形成宽松、和谐、诚信的管理气氛，教师的工作热情高涨，愿意为幼儿园的发展献计献策，全园形成了良好的你追我赶、争优争先的工作氛围。

3. 实行人文管理。建立"管理加关心、信任加激励"的人文管理模式，关心教职工的家庭与生活，让管理以人为本，建立民主和谐的校园氛围，形成既有统一意志，又有民主人文的工作环境，使全园工作协调运转。另外，我园在实施硬性管理的同时，也注重有"情"的弹性管理，在柔情似水的清一色的女性单位中，我园特别注重创设良好的人文环境。工作中，领导率先垂范，吃苦在前。生活中，哪位老师有难事，园长、老师们总是伸出援助之手，让每一位老师都能感到我园大家庭的温暖，体会到同事间的真情厚意。这种人性化的管理更增强了我园教师的凝聚力。

**二、实行精细化的师资队伍管理，确保教师发展优质化**

幼教要发展，师资必先行。一个幼儿园的发展需要培养一批人、管好一批人、留住一批人。为此，我园倡导人性化的管理思想，在管理中注重创设和谐的人文氛围，重视教师的成长。

1. 园内外学习与自学相结合，以"学"促发展。我园每年都有计划地组织教师外出观摩学习，回园后举行"外出学习分享会"，向全园教师传达新信息，提高教师对幼儿教育的新认识。平时经常组织教师开展读书活动，让教师将自觉学习养成习惯，向书本学习、向同伴学习、向网络学习，不断给自己以新信息的滋润。通过同伴互助、交流切磋，教师得以在学习活动中共同进步、共同发展。

2. 教育教学分段管理，以"帮"促发展。我园设置保教助理，分段负责指导小、中、大各年级的教育教学活动，加强对常态化教学活动的管理，从抓教材、抓教法、抓学法、抓教师的培养等四个方面开展工作。保教助理负责组织各年级教师集体备课，了解、熟悉教材重点、难点，讨论合适的教法和学法，到班级跟班指导，从"幼儿的参与表现和教师的教学行为"两方面及时进行反馈，提出问题，提出改善意见，帮助教师改进教育教学行为，促进教学能力快速提高。

3. 以教学反思提升教学经验，以"思"促发展。园本教研的主要目的之一是促进教师的自主发展，因此我园围绕个人反思、同伴互助、专家指导这一思路开展教研活动。我们专门设置观察记录本，要求教师记录幼儿的学习表现和个人的教学行为，针对自己的教学过程进行深刻的剖析，在教研活动中分享成功的经验与失败的教训，由同伴共同讨论，老教师给予指导，个人提取重点，撰写成教育教学论文，大大提高教师的教育科研能力，改善个人教学行为，从案例分析和反思中进一步激发老师的认识潜力、分析潜力和解决问题的潜力，不断改善和完善自己的教学工作。

### 三、开展精细化的教育教学工作，确保教学开展有效化

教育教学工作是幼儿园教育的根本，其质量好坏是幼儿良好发展的基石。为此，我们重视教师教育教学工作，以促进教学有效化开展。

1. 落实教研管理制度。对于幼儿园管理来说，教学工作是核心。我们的做法是"从大处着眼，从小处入手"。在实施过程中，建立了"业务园长—保教处—教研组"的三级教研网络。首先，制定可行的教研计划，切实保证计划的可行性，坚决杜绝一些表面的、难以实现的活动。其次，抓制度、计划的落实，所谓"言必行，行必果"，制度计划制定得再好，如果不加以落实，也只是一纸空文，对教学工作来讲，将毫无效率。我园由园长、业务园长、保教处主任参与或定期听取教研组长组织的活动与反馈，并提出建设性意见。同时实施以往的"集体备课""案例交流""活动反思"等较好的教研做法，从而使教学、教研真正落到实处。

2. 抓好教学常规管理。严抓教学计划的制定和落实，通过形式多样的学习活动，增强教师对幼儿园一日活动常规的认识，保证常规执行的一致性。要求教师做到分工明确，齐抓共管，保证班级常规执行的一致性。通过多种形式增进幼儿对一日常规活动的理解，促进幼儿对规则的习得。一是用音乐指令来提示，即在

来园、早操、区域活动、午睡、起床等几大环节播放不同的音乐指引幼儿活动，每天播放，形成定型动力，培养幼儿有序做事。二是图文并茂助理解，运用养成教育儿歌结合微课的形式来激发幼儿的兴趣，帮助幼儿掌握常规活动的要领。三是游戏活动隐规则，如结合角色、结构、表演等游戏活动对幼儿进行规则教育，使幼儿在玩乐中自然习得，避免脱离实际的说教。

3. 抓好一日生活环节。幼儿园的每一个环节都是课程，都蕴含着教育契机，所谓"一日生活皆课程"，是指幼儿的发展目标应渗透于一日活动的各个环节。不管是生活环节还是教育环节，不管是集体教学还是分组教学，不管是户外活动还是区域活动，都要考虑周全细致，安排合理到位，使活动环节紧凑有趣，充分利用一日生活各个环节的教育价值，合理组织活动。为此，我们在晨间接待、晨练、早操、教学活动、户外活动、自主区域游戏、进餐、餐后活动、午睡、起床、盥洗等环节，都制定了详尽的管理细则，以实现一日活动管理的精细化，使幼儿在一日活动中养成良好的生活习惯、行为习惯、学习习惯。

**四、开展精细化的卫生保健工作，确保幼儿身体健康化**

卫生保健工作是幼儿园管理的一个重要方面，我们遵循"预防为主"的原则，严格落实《幼儿园工作规程》和卫生保健制度，在工作中做到求精求细，建立由园长总负责、分管园长亲自抓、保健医生主要抓、保教人员具体抓、其他部门配合抓的卫生保健分级管理模式。

1. 全员重视，促进保教工作整合化。教师、保育员是幼儿生活的直接管理者，所以日常的卫生保健工作应走进班级、服务班级、融入一日生活当中。我园设立"幼儿一日生活管理记录表"，坚持每天记录幼儿各个生活环节，如情绪、进餐、午睡、大便、吃药以及个别儿童的特殊情况，并反馈给家长。这大大有利于班级和家长及时掌握幼儿生活情况，及时发现问题，尽快解决问题。

2. 强化预防，形成防控工程系统化。由于幼儿对疾病的抵抗能力较弱，容易感染疾病，我们就从各方面入手全面加强预防工作，形成了比较系统的疾病防控体系。首先制定严格的分级卫生检查制度。每日、每周、每月检查重点，例如每日必查项目有：活动室和寝室的通风情况、杯子、毛巾、餐桌、餐具、寝室卫生、卫生间、楼道等。其次强化晨检工作。晨检时严格按照"一问、二看、三摸、四查"制度，做到早发现、早隔离、早治疗，避免各类传染病的流行传播。最后严格执行卫生消毒程序。幼儿使用的杯子、毛巾、点心盘等每餐高温消毒；玩具、橱柜、厕所、室外走廊每日用消毒液消毒；活动室、午睡室每天用紫外线灯消毒。

3. 完善管理，形成膳食管理科学化。合理营养是促进幼儿生长发育的物质基础，为保证幼儿在生长发育过程中获得必需的营养，我园做好幼儿营养膳食工作，科学配餐，达到品种多样化，保证蛋白质、热量及各类维生素营养比例平衡，而且幼儿食谱每周都在公示栏上公布。

**五、开展精细化的安全管理工作，确保责任落实具体化**

安全责任重于泰山，安全是幼儿园的头等大事。我园始终本着"安全第一，稳定至上"的宗旨，坚持按照"预防为主，标本兼治，重在治本"的原则，努力创建管理有序、保卫有力、教育有效、园风良好的安全文明校园。

1. 健全组织网络。幼儿园成立了"平安校园"创建工作领导小组，形成以园长为组长、分管副园长为副组长、各部门负责人为组员的安全管理网络。按照"谁主管，谁负责"的原则，层层签订安全目标责任书，形成各司其职、齐抓共管的安全管理局面。

2. 强化基础保障。一是强化"三防"保障。在人防方面，我园配备了三名专职保安人员，落实 24 小时值班及巡查制度。在物防方面，逐年加大投入，在保安室增设了盾牌、催泪喷雾、警棍等一批安全器械，添置了"校园 110"警务室装备，为各种突发事件提供了充足的物质支持。在技防方面，我园配备了 76 支摄像头，做到幼儿园重点区域无盲区，24 小时监控，安装了智能安防联网报警系统，紧急突发事件情况下可实施一键报警。二是强化设施设备保障。在设施设备管理方面，做到"三落实"，落实设备设施管理责任人；落实设备设施管理责任人职责；落实与设备设施的日常检查、保养管理工作有关的规章制度。确保设备设施符合安全质量标准，排除安全隐患。

3. 加强安全管理。一是执行门卫制度。幼儿园严格执行门卫制度，执行来访登记制度、持卡接送制度等，按时开关大门，严防幼儿独自离园和闲杂人员进园。二是落实领导巡班制。每日领导班子值班人员督促班级教师落实安全责任，每周安全领导小组专人对园舍、食堂、设施设备等进行全面的检查，每月由第一责任人、直接责任人开展安全隐患排查，并建立安全检查登记制度，发现问题，立刻整改。层层督查，使安全工作有计划、有布置、有检查、有反馈。三是加强食品管理。食物安全是关系孩子身体健康的大事，我园成立了食品安全领导小组，加强对食堂的日常管理。操作程序中实施验收、清洗、切配、烹饪、留样等，环环相扣。严把食品采购关、入库关、出库关，对供货商我们坚持索要"三证"，杜绝"三无"产品进园。

4. 严抓安全教育。一是安全常识天天讲。日常教学里，我们时常将安全放在首位，在游戏前，先围绕"安全"订下规则，紧抓常规；离园前 10 分钟，幼儿园便响起"养成教育儿歌"，我们把安全教育内容根据幼儿的认识规律和特点，编成朗朗上口的安全儿歌及安全故事，让孩子通过诵读、游戏等形式天天讲，不断强化，最终形成习惯。二是安全活动周周上。幼儿园每周五下午都开展幼儿园安全教育活动，通过故事展示、视频观看、互动测评、角色扮演、情景演绎等丰富的教学形式帮助幼儿学习安全知识，使安全知识通过愉快的游戏无形中植入幼儿的心中。每个学期，我园小中大班级都会开展不跟陌生人走、不被欺负有办法、不在厨房玩、上下楼梯要注意、危险的小圆珠、尖利的东西会伤人等安全教育活动。三是安全演练月月开展。幼儿园每月开展安全演练，在安全演练中全体教职员工各司其职，成效显著。幼儿园应急演练内容涵盖面广，其中包括：消防演练、防震演练、防踩踏演练、防暴演练、防拐演练、防溺水演练等。每月的安全演练既增强了幼儿的安全避险意识，提高了幼儿的安全自救能力，又提高了幼儿园在处理突发事件方面的能力。四是安全专题人人做。我园认真落实茂名市学校教育平台专题教育活动相关工作，要求老师"紧抓、紧盯"，要求做到 100% 的教学任务完成率以及家长完成率，教学效果显著。

**六、开展精细化的家园共育工作，确保家长工作深入化**

家庭是幼儿的第一所学校，家长是幼儿的第一任老师，做好家长工作，实现家园教育同步，提高教育质量，是我园一直努力的方向。近年来，我园注重围绕主题教学活动，开展丰富多彩的家园共育活动。

1. 定期召开家长会。各年级以体验式养成教育主题教学为主线，向家长介绍主题教学的教学形式，需要家长配合开展的亲子艺术活动等，让家长了解主题教学的目的与形式，明确亲子活动中的具体做法，有目的地配合幼儿园开展教学活动，活动中期在家园联系栏、作业栏向家长汇报教学成果，让家长随时了解教学的进程，及时鼓励幼儿的点滴进步，取得了显著效果。

2. 开展家长开放日活动。在活动中展示园本特色课程——体验式养成教育主题活动，让家长们参与到活动中去，与孩子一起游戏、操作，亲身体验有趣、好玩的特色教学活动，让家长们从中更多地了解孩子在幼儿园的表现，对幼儿园的教育理念和科学的教育方法也有了进一步的认识。

3. 召开家长委员会工作会议。由各班选举 7 位共 112 位家长担任家委会成员，幼儿园领导班子定期召开家委会会议，充分调动我园幼儿家长参与幼儿园管理的主动性、积极性，发挥幼儿家长在幼儿园管理中的作用，体现管理科学性，实现家园共育。

4. 构建家园网络互动平台。我园开通了微信公众号，及时发布幼儿园开展各项活动的信息，还要求每个班级都开通 QQ 群或微信群，利用网络的便捷性和时效性，让繁忙中的家长也能及时地了解幼儿园教育，了解幼儿在园的情况，及时落实信息反馈，实现了有效的家园互动。

5. 组织形式多样的主题亲子活动。组织小小运动会、庆元宵活动、庆三八活动、庆六一活动、"走进自然，家园同乐"亲子游、亲子阅读节、温馨母亲节、亲子晨练、亲子社会实践、快乐父亲节、亲子徒步节等一系列活动，让家长与孩子一起制作小礼物、一起阅读、一起走进社区、一起体验学习等等，极大地提高了幼儿的动手能力、表达能力、交往能力，不仅促进了小朋友身心的健康发展，使小朋友萌发了感恩的情感，也更加密切了家园联系，得到了家长们的高度评价和认可。

6. 开展家长助教活动。每学期我园开展为期一周的家长助教活动，各班的家长们纷纷带着自己特有的专业知识走进课堂，以崭新的形式将丰富的活动内容呈现给孩子们，弥补了教师在专业领域的不足，实现了家庭与幼儿园更为平等、更为广泛的教育互补。

**参考文献**

［1］孙立明 . 幼儿园精细化管理［M］. 南京：南京师范大学出版社，2014.

［2］张燕 . 幼儿园管理［M］. 北京：北京师范大学出版社，2013.

［3］唐淑，虞永平 . 幼儿园班级管理［M］. 南京：南京师范大学出版社，1997.

［4］闫瑾 . 浅论幼儿园如何实施精细化管理［EB/OL］. http：//www.xzbu.com/3/view-3620527.htm.

## 幼儿园美术教育创新性的有效开展策略

信宜市幼儿园 陈红戈

**摘要** 美术教育的基本目标是培养幼儿感知美、发现美以及创造美的能力。我们要创造条件丰富幼儿的想象力和创造力，引导幼儿学会用自己的方式去表现和创造美。本文旨在根据本土实际情况探索出适合一些偏远山区的幼儿园开展美术教育创新性的有效措施。

**关键词** 幼儿园 美术教育 创新性 开展措施。

　　《3—6岁儿童学习与发展指南》中提出：幼儿艺术领域学习的关键在于充分创造条件和机会，在大自然和社会文化生活中萌发幼儿对美的感受和体验，丰富其想象力和创造力，引导幼儿学会用心灵去感受和发现美，用自己的方式去表现和创造美。

　　美术是幼儿非常喜欢的一种艺术活动，美术教育对幼儿成长和发展的作用是非常大的，它是幼儿认识世界、探索世界的重要手段，在幼儿的发展过程中占有极其重要的地位。作为幼教工作者，我们旨在通过美术活动培养幼儿的观察力、思维力、创造力及对美的感受力和表现力等，并重视美术在幼儿心理发展过程中的作用，促进其个性的发展，使幼儿的人格得到健全成长。

　　基于此，幼儿美术教育应遵循幼儿身心发展的规律，跟上时代的步伐，不断更新教育教学观念、改进教育教学方法，切实提高幼儿美术教学的有效性。单一的美术活动已经不能适应当今这个多元化的社会，更不能适应人才的培养和幼儿园发展的需要。我们幼教工作者需要根据本土实际去进行美术教育教学的一种创新改革，探索更新的更有创意的幼儿美术教育教学方式。

## 一、幼儿园美术教育创新性开展的意义

　　《3—6岁儿童学习与发展指南》强调：幼儿对事物的感受和理解不同于成人，幼儿独特的笔触、动作和语言往往蕴含着丰富的想象和情感，成人应对幼儿的艺术表现给予充分的理解和尊重，不能用自己的审美标准去评判幼儿，更不能为追求结果的"完美"而对幼儿进行千篇一律的训练，以免扼杀其想象与创造的萌芽。

　　幼儿美术教育创新性就是抛开传统美术教育的教学和评价方式，给孩子们提供一个有利于其身心发展，适合其兴趣和认知水平，可供他们自由选择的宽松的环境。教师创新教学方法、创新

绘画手段、创新表现方式等，让幼儿在美术活动中大胆而真实地表现自我、表现想象，挖掘他们的创作能力，让幼儿按自己的兴趣和意愿进行材料的选择，用自己喜欢的方式去表达，使他们学会一个自我独立观察、感觉、组合、表达世界的方法，促进幼儿良好个性品质的形成，为他们的全面发展奠定良好的基础。

## 二、幼儿园美术教育的现状分析

幼儿阶段的孩子们活泼好动，模仿力强，他们喜欢用绘画描绘生活，勇于大胆表现自己的喜怒哀乐，乐于用画画来发挥自己的想象，展现自己内心的意愿，获得情感体验。而且他们都可以无拘无束地放飞心灵，跨越时空地自由想象，都具有运用灵活的线条、艳丽的色彩、鲜活的图像来表达自己思想和宣泄自己情感的能力。

幼儿美术教育是幼儿全面发展的一个重要组成部分，已经受到了幼儿园以及家长的重视，我国很多大城市幼儿园的美术教育活动已经开始走出了"教学内容以认知、注重技巧为主；教学方法以教师示范、幼儿模仿学习为主"的误区。但是由于文化本身的差异，各个地方对美术教育也存在很大的差异。特别是我们这些偏远地区的幼儿园，在美术活动中存在着不少弊端，严重阻碍着幼儿园美术教育正规化、科学化的进程，影响着幼儿美术教育整体水平的提升。例如：幼儿园设施设备配备严重不足，没有专业的美术教师，美术教育教学方法陈旧单一。加上家长的美术观没有建立起来，大多数人都以"像不像""颜色好不好看""画面是否丰富"来给孩子的画定位。于是，许多幼儿园为了迎合家长的"看得见"心理，从而实施"模式化"教学，美术活动课上总是要求幼儿对着示范画，用一样的颜色、一样的线条、一样的形状去完成同一幅作品，忽视了孩子在活动中的主体地位，没有给予孩子充分的自由创作空间，教学局限性大，作品单一、缺乏个性化、缺乏童趣，这样，不但使幼儿对美术的积极性大幅降低，还严重影响了幼儿美术教育中最重要的东西——对孩子综合能力的培养。那么，如何带动这些偏远山区的幼儿园教师一起推进幼儿美术的创新呢？这是值得大家探究的问题。

### 三、幼儿园开展美术教育创新性的有效措施

#### （一）领导要有带头创新意识，营造创新性环境氛围

幼儿的个性发展离不开其身边环境的影响，环境孕育人，幼儿创新性发展是在其生活环境中逐步形成的。如果环境能对幼儿造成强烈的创新思维刺激，幼儿的创造性自然会得到自由发展。因此，幼儿园领导首先要有美术创新性的意识，把这种意识传递给幼儿园教师，全园上下一致有这样的想法，才能真正推动美术创新性的开展。思想上有共鸣，操作上有实施，先从幼儿园环境上去改变，要求幼儿园美术教师加强园中文化建设，形成一种潜在的课堂。例如在幼儿园公共场所里设置涂鸦墙，让幼儿任意涂鸦；在走道里设置"艺术长廊"，让幼儿随时能够欣赏到创意作品；设置"美术创意屋"，千奇百怪的美术创意作品都可以在这里完成……用这种浓郁的校园艺术氛围激发幼儿的艺术情感。

#### （二）教师要转变教育思想，树立创新理念

教师是直接影响幼儿的重要传授者，要想幼儿的创新思维得到全面发展，首先教师要有接受创新的观念。因此，培训教师是幼儿园的一项重要工作。教师必须在观念上克服传统的偏见，消除不正确的评画方式，给个性不同的幼儿以充分表现特殊思维的机会，创设宽松的教育氛围，从根本上改变循规蹈矩、听话、会模仿的保守态度，引导孩子们大胆创新。

教师具有独特的创造力，才能培养有创造力的孩子。教师要

具备创新教学方法、创新教学手段、创新活动形式等的能力，将创新意识有机地渗透到整个美术教育教学活动中，这样才能获得美术实践活动的新颖性和高效性。

（三）创新美术活动实践方法

1. 教学形式、教学方法的创新

传统的教学方法一般呈现"填鸭式"的特点，在现代美术教学中，教师应不断创新教学方法，使美术活动课堂千姿百态。

（1）开放式的教学

比如在教学画小动物的美术活动时，可以定一个主题"小动物与我"，在活动前让小朋友先在家里或者让家长带去观察一些小动物。在活动课上，老师先询问幼儿："大家喜欢小动物吗？你最喜欢什么小动物？你最害怕哪种小动物呢？"小朋友纷纷表达自己对小动物的看法，随后教师采用开放式的教学："大家都有自己认识的小动物，那么，请大家以'小动物与我'为主题，将自己喜欢的，或者不喜欢的，又或者是你最害怕的小动物画在画纸上。"这样，孩子们可以以任何一种形式表达出来，充分发挥自己的想象力。绘画没有对与错，让幼儿在于释放幼儿的一种情怀，在一个更轻松的氛围中画出自己想表达的事物。

（2）抓住主要特点后扩散思维

在美术活动课前，先培养幼儿的观察能力。例如在学画大树时，教师可以提前带幼儿或让家长带幼儿到大自然中参观各种各样的树，在观察过程中，教师和家长要注意引导，让幼儿重点注意树的特点，如主树干比树枝粗，小枝条生长在树枝上，枝条上长有树叶或花果等，让幼儿在仔细观察的过程中记住树的主要特征，然后教师在活动课上介绍各种树木的生态功能和对人们的用处，这样提升幼儿对树木的感性认知。然后根据各位幼儿的感知情况，让幼儿发散思维。抓住主要特征后，其他的表现就让幼儿自由发挥，使得幼儿最终创造出的美术作品各有特色。

（3）带着问题进行绘画

美术活动不能只为了画而画，在活动中要结合个人的思考，例如在画一架飞机的课堂上，除了用不同的方式画出各种各样的飞机，还可以渗透思考和想象，如让幼儿思考：可以通过什么方法表现出飞机飞得很高呢？孩子们就会根据自己的经验和见解，发挥自己的想象，有的在飞机下面画上一座座大山，有的把飞机画在太空……

（4）连贯式的教学

连贯式的美术活动不但可以提升幼儿的学习探究兴趣，还可以锻炼幼儿的观察能力，增强孩子的连贯性表现能力。例如在让小朋友画动物的美术课堂中，可以设计一个"动物与我"的连环式绘画活动，让孩子通过一段时期的观察，画出一个动物和自己的成长故事。绘画大自然风景时，也可以让幼儿不同时期分别去观察同一个地方并绘画下来，从连贯式的教学中让幼儿同时感受到身边环境的变化。

（5）与五大领域融合教学

《幼儿园教育指导纲要（试行）》提出了幼儿园教育的"全面性""整体性"和各学科教育内容的"相互渗透"。因此，把美术活动与五大领域学科知识融合进来，让幼儿感知到知识的巧妙融合，是促使幼儿园美术教育成为一种具有全面性、整体性的艺术教育的有效手段。在各科活动中渗透美术教育，不但能摒弃单一的教学模式，还能开阔幼儿的审美空间，对促进幼儿的身心全面和谐健康发展起到重要作用。

例如在数学活动中，可以让幼儿一边进行手工剪贴、一边数数，或者自己创设情境绘画进行应用题创编，又或者用图形添画变成生活中的物品来加深对图形的理解等等，让孩子们在玩玩做做中掌握数学方面的知识。在语言活动课中，通过画儿歌内容、画故事内容，让孩子既动手又动脑，通过自己的理解去绘画，再根据自己画的画讲述儿歌或故事的内容，不但容易理解儿歌和故事的内容，更提高了绘画能力和语言表达能力。在社会活动中，教育孩子们遵守生活中的规则时，可以先让孩子们注意观察生活的点点滴滴，再让他们在课堂上画出受感触的人或事，这样，他们就会用稚嫩的画笔将自己心中的感受表现出来，配合孩子们的讲述，从而显现出生活中一幕幕令人感动的瞬间，或是令人讨厌的事情等等，教师便可以结合生活进行社会知识教育。在体育课上，需要一些头饰或工具进行配合游戏时，可以提前让孩子们自行制作，增加孩子们的参与度，从而提升他们参与体育活动的兴趣性。

2. 绘画工具和材料的创新

绘画的工具、材料不应该拘泥于水彩笔或铅笔，教师要尊重幼儿自己的意愿，可以用多种多样的工具、材料进行绘画。例如在给小朋友上关于大自然风景的绘画活动课上，可以定一个"我喜欢的季节"主题，提前让家长们和孩子们准备，让孩子们在生活中、在大自然中随意寻找、选择自己喜欢的绘画工具，甚至尝试走进大自然中寻找身边的"神奇画笔"，将自己喜欢的季节用自己喜欢的形式表达出来。这样，可以充分刺激孩子们的创作欲望。有些幼儿用沙子涂上颜色粘贴在画纸上，有些幼儿把老师的彩色粉笔磨成粉末洒在画纸上，有些幼儿用手掌抹上颜料再在画纸上涂画，有些幼儿捡来一些树叶粘贴或者弄成碎片涂贴。小朋友们创意百出，用丰富多彩的工具或材料表现出日出的美好、雨天的舒意、秋天的收获，也有的表现出对炎炎夏日的恐惧，有的表现出对金黄秋色的喜爱。

3. 创新美术活动课程

要创新美术教育，达到持之以恒的效果，有条件的幼儿园可以根据自身的条件，结合本土文化、利用本地资源等，形成一套适合本地的多元化美术系统教材，把本土文化融入美术教育中，使孩子们知晓、熟悉、热爱本土文化，长大后传承和发扬本土文化。可以以地域文化为背景，以当地环境中的物品为资源，如在广东省信宜市，竹篾纺织、玉石文化、飘色文化、山村的树枝、田野里的稻秆、水果特产山楂和三华李等等，都可以融入美术课堂，根据幼儿的年龄特点，创编出一套具有乡土特色的课程体系，探索具有乡土味的美术课堂，建设具有乡土情的美术文化氛围。

4. 创新评价体系

教师和家长正确评价幼儿的美术作品对孩子的影响非常大。人们习惯性地评价孩子们的作品，一般是："你画得太像了。""你画的一点也不像。"部分教师盲目强调"你要像老师那样画"，其实这种教学模式严重违背了幼儿美术教育的理念，是不正确的评价方式，会导致孩子们担心画得不像示范画而一笔一笔地模仿，失去了自己的主见和想象。因此在教学过程中，教师不能说"你在乱画"等字眼。教师和家长对幼儿美术作品的评价应带着欣赏和包容的心态，注重画中情，欣赏每个儿童的与众不同，提高其创造性和想象力，避免千篇一律的按示范画来进行绘画的教学，避免过分强调技能和结果，而应重视幼儿在学习过程中的情感体验。教师要确定评价标准，首先只要孩子积极参与活动就能得到肯定和表扬；其次侧重于创造性与个性化的体现，注重是否有想象和创新；再有允许孩子反复尝试，可以在观摩别人作品、听完老师讲评后，再结合自己的新想法重新绘画。艺术表现没有绝对的对错，只有自己的喜欢与他人的喜欢之别，因此，孩子们可以在自评、他评、互相评后再修改画作。这样，孩子们可以学习一些别人的优点，再根据自己的喜好进行大胆创作，使自己的作品更加完美。

**（四）家园互动，构建创新亲子美术活动**

《幼儿园教育指导纲要（试行）》强调要实行家园共育，才能达到教育的一致性和有效性。因此在美术教育活动中，教师也需要贯彻家园共育理念，把学校教育与家庭教育联系起来，建立有效合作，构建家园共育教育体系。教师要积极邀请幼儿家长参与到亲子美术活动中，充分调动家长们的积极性，让家长和孩子在亲子游戏或活动中享受创造的乐趣，也为幼儿营造更加广阔、更加轻松和谐的美术活动氛围，从而保证美术教育活动效果更加理想。

例如，幼儿园可以组织一个以环保为主题的亲子美术作品展，作品可以是绘画形式，也可以是手工形式；可以利用废旧物品制作，也可以利用大自然中的任何材料。家长和孩子们可以任意发挥想象，创作自己喜欢的作品，融入自己对环保的不同想法。这样的活动，不但能达到美术教育的效果，还能有效融入社会知识教育。亲子美术活动还可以融合网络平台进行，幼儿园可以建立家长微信群、QQ群甚至网站平台，设立"美术作品交流专栏"，老师们可以在里面上传孩子们的作品，其他人员也可以随时上传自己的作品，吸引其他人来赏画并对作品进行评析。这样，给大家提供了展现的平台，也让家长能及时了解幼儿园的美术活动动态，更增进了教师、家长和孩子之间的互相交流，家园互动渠道得到进一步拓展。

### 四、幼儿园美术教育创新性开展的展望

美术活动是幼儿园五大领域中艺术领域的一个重要科目，它不仅在于提升幼儿审美感受，同时还为幼儿提供了自我表现的平台，能够深入挖掘幼儿创造思维能力，让幼儿走出传统学习固定思维模式，提升幼儿的创新能力，促进幼儿身心全面发展。我们幼教工作者不能为了教画而教，而应该解放幼儿的天性，让他们在美术的海洋里自由翱翔，创造出属于自己的一片天，促进他们的全面健康发展。我们这些偏远山区的幼儿园教师，在开展美术教育创新性方面肯定会面临较多的困难，例如资金、师资、家长观念等方面的问题，但只要敢于创新，善于不断总结经验，就有无尽可能，就能给孩子们提供无限的发展空间，带给他们无尽的欢乐和幸福！

**参考文献**

［1］教育部关于印发《3-6岁儿童学习与发展指南》的通知［教基二〔2012〕4号］.（2012-10-09）http：//www.moe.gov.cn/srcsite/A06/s3327/201210/t20121009-143254.html.

［2］刘键.为孩子开启想象的大门［J］.教育，2018.

［3］杨永娜.简析幼儿艺术兴趣的培养［J］.教育实践与研究，2015.

## 浅谈幼儿园校园文化建设的有效策略

高州市根子镇中心幼儿园　陈华

**摘要**　成长没有彩排，所有经历皆是惊喜。3—6岁正是幼儿的性格和基本的人生观、价值观逐步形成的阶段，是幼儿礼仪、幼儿品格、幼儿好习惯形成的关键时期。园所文化可以展现幼儿

园的办园品质，是引领幼儿园发展的精神指导。但园所文化并不能一蹴而就，是需要经过时间沉淀的。幼儿园可以结合自身特有的办园风貌、教育水平、制度规范和特色活动以形成独特的凝聚力来促进园所文化的提升。如何建立与提升幼儿园园所文化，是我们一直在思考的问题。

**关键词**　幼儿园　文化建设　策略研究

## 引　言

文化是一所学校的灵魂，幼儿园要赢得发展，需要文化的沉淀。每所幼儿园都想拥有自己的园所文化，但是园所文化不是一蹴而就的，更不是只凭喊几句口号！那么如何打造幼儿园文化呢？笔者将从园所文化建设的实践进行策略探讨。

### 一、优化园所发展关键要素

许多幼儿园在文化建设中往往优先关注物质条件改善，而忽视了办园理念提炼、园风教风营造等精神文化和制度文化建设。有的园所过于注重特色活动或课程建设，而相对忽视了园所管理、家园共育、师资队伍等方面的建设。办园理念，包括确立发展主题、构建体系框架、创新实施载体等过程和步骤。

因此，幼儿园文化建设是一个系统工程，需要加强整体建构。整体建构园所文化，要将幼儿园视为一个系统加以分析，从整体出发，梳理、总结办园理念，优化关键教育要素，顶层设计教育结构，形成自成一体、相对完整的教育体系框架。

幼儿园文化整体建构，需要在幼儿园教育哲学的引领下，在梳理办园理念的基础上，提炼园所发展主题，并将影响园所发展的各关键要素合理优化，形成具有内在逻辑关系的框架体系。

**二、引领教师成长，重视园所文化中"人"的塑造**

（一）弘扬爱岗敬业的师德文化

师者为师亦为范，学高为师、德高为范。我园一直坚持以德为先，广泛深入开展向师德模范学习活动，大力弘扬新时期人民教师的高尚师德和无私奉献精神，通过开展"我的教育故事"演讲比赛、"争做四有好老师"论文比赛等活动，激励教师爱岗敬业、勤业奉献，全力打造一支热爱幼儿、热爱幼儿教育、热爱本职工作的教师队伍。

（二）加强优秀师资队伍建设

教师是幼儿园工作的主力军。我园作为规范化示范性幼儿园，始终把师资队伍建设放在重要位置，我们采取骨干教师纵向引领，青年教师横向互助、自我成长的方式，切实提高教师的能力。幼儿园通过"理论与实践培训相结合""学历提升与实践提高相结合""教研与科研相结合""园内培训与园外培训相结合"四结合的培训方式，切实提高教师专业水平，促进教师专业化成长。

我园教师的专业发展需求主要表现在：新手教师熟练掌握班级日常管理方法，了解幼儿心理发展特点、个体差异，熟悉园本课程的教育教学方法；青年教师进一步积累教育教学和班级管理的经验，摸索形成自己的教学特色；骨干教师和专家型教师需要在原有基础上进一步提升自己的专业素养，并为本园教师发展发挥引领示范作用，扶持年轻教师快速成长。

**三、于一日生活之中渗透品格教育，推进"品格"课程建设**

那么，怎样融入品格教育呢？文化是抽象的，只有实现与课程和教育的对接，投射在幼儿身上，才能彰显它存在的意义和力量。《3—6岁儿童学习与发展指南》中说道："幼儿的学习内容是广泛的，包括与人的交往、和同伴一起玩，以及参与自己生存所需要的所有活动，如穿衣吃饭、洗手如厕等。"这就说明，一日活动皆课程，一日环节蕴品格。在一日各活动环节中，自然渗透品格教育，优化幼儿一日活动，力促幼儿在原有基础上较为全面和谐地发展，将品格教育渗透到日常教学活动中，同时营造品格环境，通过幼儿园内的一句标语、一幅画、一首歌曲，都传递好习惯、好品格的暗示，努力在环境中内化品格，并实现家、园对接。

（一）设计孩子们喜爱的品格宝宝形象

根据幼儿都喜欢一些可爱娃娃形象的心理特点，我们打造了"杉宝"和"云娃"的形象，并将它们作为幼儿园的吉祥物。"杉宝"以红豆杉果实为原型，是品格的代言人；"云娃"形象取材于天上的白云，其纯洁、善良的品质是一切品格塑造的基础。再者，"杉宝"作为树的一种类别，是青山绿水的化身；"云娃"作为天空的一种符号，亦为蓝天白云的化身。所以选用"杉宝"和"云娃"的组合，也寄托着幼儿园为祖国培养未来环保公民的美好愿景。在这些品格娃娃形象上添加一些元素，就变成了与"自信、勇敢、专注、守序、创新、感恩、分享、合作、礼貌、尽责"十大品格相对应的卡片。

（二）以"品格卡片"兑换游戏激励幼儿品格养成

首先，班级兑换。孩子们在得到卡片后，可以寄存在班级的"品格盒"内。老师可设置班级的兑换规则，例如：幼儿可以用自己获取的品格卡片和老师换取小红花，或是换取优先选择区域权等等，具体的兑换奖励及规则，可由班级聪明的老师们和可爱的孩子们共同商定。

其次，园部兑换。园部定期设置"嘉年华品格娃礼品兑换活动"。即十张"云娃卡"可兑换一张"杉宝卡",幼儿可用"杉宝卡"在园部设置的节庆日嘉年华活动中,去兑换香甜可口的糕点,去兑换五彩缤纷的气球,去兑换同可爱的兔八哥、维尼熊拍照的机会,去兑换玩吹泡泡的机会等等。

孩子年龄小,幼儿园用物质奖励的方式刺激孩子品格的形成,将抽象的品格转化为现实中的行为,让孩子易于理解。有了量变自然就会有质变,就能达到内在的升华,久而久之,品格就成为孩子们的一种习惯,使孩子们受益终身。

## 结　语

幼儿园文化是一种积淀、一种传统、一种创新。多年来,我园将视觉识别系统设计转化在"物"的品位中,将创新人才培养模式应用在"人"的塑造中,将幼儿园的文化精髓体现在"爱"的氛围中,将实现幼儿园内涵发展凸显在园所特色中——让这些看似无形却有意义的精神力量汇聚成提升力、凝聚力、导向力,助推幼儿园形成积极向上、宽容友善、充满爱心、健康活泼的风气,实现精神育人、文化育人、环境育人、活动育人。

**参考文献**

[1] 蒋晨. 趣味彩绘与幼儿园文化建设 [J]. 学前教育研究,2019 (06): 93—96.

[2] 叶明芳. 幼儿园文化建构实施路径探析 [J]. 教育评论,2019 (01): 155—157.

# 浅谈幼儿园班级管理策略

### 高州市根子镇中心幼儿园　陈华

**摘要**　班级是一个小社会，它包含着教学和教学以外方方面面的内容。长久以来，幼儿园班级管理工作没有得到足够重视，幼儿园班级管理的研究也很缺乏。在长期担任幼儿园班级管理的工作中，我深深感悟到，要使幼儿园班级管理卓有成效，必须要有一定的方法和策略，科学、规范的班级管理对于幼儿的健康发展有着重要意义。践行以人为本的理念，与幼儿共同制定班级规则，做好常规管理，重视家园合作等是提高幼儿园班级管理水平的有效策略。

**关键词**　幼儿园　班级管理　方法

幼儿园班级是一个小社会，但它却没有得到足够的重视，这是一个长时间以来一直存在的问题。很长时间以来，我感觉这个问题很严峻，因为幼儿园管理需要一定的方法，而且小孩子要从小抓起，所以需要大家重视幼儿园管理。

## 一、营造宽松、温馨的家庭氛围是搞好班级管理的前提

一个班级良好氛围的形成需要老师、保育员和家长多方面进行配合以及沟通。良好的氛围对小孩子的良好行为习惯的养成是非常重要的，但是这对班级管理员来说，确实非常严格，要求他们不仅要处理好人际关系，还要做好协调的工作。

要想让幼儿有一个愉快的学习环境，我们需要营造一种家庭的氛围。在幼儿园时期，孩子对父母的依赖感特别强。所以，只有这样他们才能更快地适应全新的环境，养成好的行为习惯。我在孩子们入学不久就对孩子的家长们召开了班级管理的会议，为

了为孩子们创建一个很好的家庭氛围，以及让孩子们更快地去适应现在的生活，我和家长们在意见上达成了一致。我把孩子们的乳名都记住了，我还用自己的童心去和孩子们沟通，所以就很快产生了成效。孩子们很快就对老师产生了依恋，而且宽松的氛围也创建好了。小孩子们在我们大家的一致配合下，形成了良好的行为规范。

孩子们在上中班、大班的时候，我们除了创建了一个良好的氛围之外，还注重对孩子们学习兴趣的培养，比如在如何布置我们的教室上，我都尊重了孩子们的想法，让孩子们感觉自己是其中的一员。这样能提高孩子们的创造性，还会让孩子们爱护自己的劳动成果，让孩子们产生一种成就感，让孩子们积极地讨论交流，让孩子们之间的关系变得更好，让孩子们的性格变得开朗、外向。

**二、转换角色观念是班级管理的有效方法**

在传统的观念看来，班级管理者必须是权威的，所有的事情都应该是由班级管理者负责，这包括所有的活动安排以及制定活动规则等多种事情，剩下的人都只需要听从安排就行了。但是随着教育形势的发展，我们应该向新的教育理念转变，这就要求我们管理者要变成学生的朋友，对他们的学习提供帮助和支持。同时，要求所有人都成为管理者，每个人都需要管好自己。所以，在每次的活动中，我们都要让孩子主动参与进来，必要时还要让家长们参与其中，这样就会取得更高效率，让孩子们学会更多的知识。

在以前，每次召开家长会，所有的事都由班级管理者自己做，在开会的时候，孩子们和家长都在下面坐着，一点参与度也没有，好像在看老师演戏一样。但是自从教育改革后，我更尊重其他老师的意见了，我们对家长的意见做了整理，针对家长的意见调整了会议的内容，并且让家长们积极地参与进来，让家长们发表了自己的意见和对孩子管理的看法。我还把一些家长请过来为大家分享教育孩子的经验。这次家长会之后，许多家长都说这次的家长会很有价值，让他们学到了很多。有的还说让我以后多多组织这样的会，他们都会积极参与。我在这次的会中，也感觉到了角色转换的良好的感觉，所以在以后的班级会议中我一直采取这种方法，孩子们在会议中也能积极地表现自己。

**三、加强家园沟通，有效促进班级管理工作的开展**

很多家庭都知道光靠学校老师的教育是远远不够的，只有对孩子也采取很好的家庭教育，孩子才能成长得更好。所以说幼儿园的各项管理工作都需要家长的良好配合，需要家长开展与幼儿园同步的家庭教育，这样孩子们才可以更好、更快地养成行为规范，更快地适应幼儿园的集体生活，才能在以后更好地学习。这也是促进孩子向更好的方面发展的有效途径。当孩子与家长之间建立了良好的沟通之后，家园合作就可以很好地进行下去。这对孩子的全面发展有很大的好处。

而且，现在的家长对孩子们都是爱护有加，生怕其在学校挨了欺负。所以教师应该和家长好好地沟通，对家长进行疏导，这样就会帮助家长抵消这种忧虑，和家长之间建立起良好的信任关系。不仅如此，班级里总是会进来新生，这就需要我们即时对孩子的情况有所了解。我们需要对其进行家访，这样就可以和孩子父母进行真诚的交流。这样不仅对管理孩子有很大的帮助，而且还可以让家长们对我们的管理给予信任。

前面讲述的都是我对班级管理的经验和体会。所以，教师需要对孩子们进行仔细的观察，这样才能处理好孩子的方方面面，给孩子、家长以及老师营造个安全、卫生、安静、和谐的环境。总之，在班级管理工作中，我一直在不断地实践、反思，虽然总是有问题产生，但我也总是积极地去解决问题。在今后的工作中，我将不断探索班级管理的新思路，使班级管理更规范、更有效，为幼儿创造一个肯定、激励、民主、宽松的氛围，以形成良好的班风、学风，让幼儿学会学习、学会创造、学会生存，最终学会做人。

### 参考文献

［1］马舒婷. 幼儿园班级常规管理的实践与探索［J］. 科技展望，2015（26）.

［2］陈瑜. 班级管理：以情动人，以理服人［J］. 教育科研论坛，2010（11）.

［3］蔡晓颖. 浅谈学生参与舞蹈排练兴趣的培养［J］. 文学教育（下），2016（12）.

［4］张冠琦. 建立班级质量分析　推进班级有效管理［J］. 教育教学论坛，2017（02）.

## 幼儿园成语和古诗教学的内容选择与教学方法

高州市根子镇中心幼儿园　陈华

**摘要**　将传统文化与幼儿园教育相互融合，已经成了众多幼儿园开展幼儿教育的方式。从传统文化的角度来说，其本身不仅拥有丰富的人文意蕴，同时也具备着较强的启蒙作用。而古诗与成语是传统文化重要的组成部分，在幼儿园中结合一定的成语或是古诗教学，不仅可以更加突出教学本身的人文性，同时也能够借助这些传统文化本身的优势，积极发挥教育与启蒙的作用。但是幼儿教师想要实现这个目标，其关键还是需要重视古诗和成语的内容选择，并结合其本身的特点运用不同的教学方法。本文针对幼儿园成语和古诗的内容选择以及教学方法进行了阐述。

**关键词** 幼儿 成语 古诗 内容选择 教学方法

### 一、针对幼儿成语和古诗内容的选择思考

在选择成语与古诗教学内容之初，我们教师需要从幼儿实际认知角度出发。他们的年龄决定着他们的认知能力比较弱，如果在教学内容的选择中，教师没有考虑到幼儿的认知特点，只是凭借教师的喜好选择，这样不仅不符合幼儿的认知能力，同时也会让幼儿产生更大的学习压力。所以在为幼儿选择成语和古诗的教学内容时，一方面，教学内容要符合幼儿的理解能力，即选择那些简单易懂的，符合幼儿实际学习能力的；另一方面，还要考虑到教学内容的针对性。我国古诗与成语有丰富的贴近人们生活的教育内容，教师大可以在挑选内容的过程中，结合幼儿实际的学习阶段，强化相关的常规习惯教育，这也是挖掘成语与古诗教育内容的一个角度。比如说，在教导幼儿养成良好用餐习惯时，教师就可以带领幼儿学习《悯农》，通过"谁知盘中餐，粒粒皆辛苦"，来让幼儿懂得珍惜粮食的重要性。又如，在教导幼儿养成良好起床习惯时，教师可以挑选有关的成语，如"闻鸡起舞"，来引导幼儿珍惜每天的时间，实现按时起床。当然这些内容的选择，教师还要尽量贴合幼儿的实际生活，这样既让幼儿感受到古诗以及成语的内涵，同时也达到教育的目的。

### 二、针对幼儿成语和古诗教学方法的分析

在分析幼儿成语和古诗的教学方法过程中，教师不仅要重视"以幼为本"的理念落实，同时还要注重幼儿形象思维、直观思

维的特点，尽可能将成语与古诗的教学简单化、趣味化处理，并积极结合新式教学工具，保障教学活动的有效性。下面笔者结合自己的一些经验，谈一谈幼儿成语和古诗教学活动的方法。

## （一）故事教学法

故事教学是幼儿阶段的重要教学形式，同时也是幼儿喜闻乐见的活动形式。从古诗与成语的角度来说，不管是古诗还是成语，其都能够以叙事的形式来进行展现。尤其是成语，其本身的出处就是历史上某些著名的史实。我们教师完全可以通过先讲故事，再进行总结的方式来进行。比如说，在带领学生学习"纸上谈兵"时，教师就可以为学生讲述一个这样的故事。古时候有一个常胜将军叫作赵奢，他有一个非常聪明的儿子叫作赵括，赵括从小就开始学习兵法，并且在谈论用兵打仗的事时能够头头是道，有的时候在与其父亲交流中让他的父亲也哑口无言，这让赵奢在高兴的同时也存在担忧。赵括的母亲对赵奢的担忧产生好奇，赵奢就与其母亲说道，打仗与平时的讨论是不同的，赵括虽然懂得不少兵法，但是没有实际经验，只会"纸上谈兵"，这迟早会出现问题。之后，在一场战争中，赵括上了战场，但是在实际指挥中，面对敌人变化多端的战术，赵括只会利用书中的理论进行打仗，不懂得变通，这使得他的军队遭遇了埋伏，并且全军覆灭了。在故事讲述过程中，幼儿定然会提出不少的问题，教师可以一边尝试引导幼儿明确其中的道理，一边引导幼儿说一说自己的想法，这可以有效地放大教育效果。

## （二）角色扮演法

在成语与古诗中有着丰富的人物与故事，我们教师可以提炼这些人物与故事的精髓，并将其演变成幼儿们可以接受的"剧本"，通过亲身去演示其中的人物与故事，来加强学生的理解。

比如说在教学《赠汪伦》中，这首古诗是赞美作者与汪伦之间的深厚友谊的。幼儿教师可以在带领幼儿理解古诗原意后，为他们搭建一个角色表演的舞台。教师可以为幼儿准备一些小型道具，如古风的衣服、诗中所提到的景物等。在角色扮演的过程中，教师一方面可以引导幼儿理解其中送别、乘舟、歌声等场景，另一方面鼓励幼儿发挥自己的想象，进入诗人的角色中。通过幼儿们的演绎，其他幼儿也都能够明白古诗所包含的情感，同时这样的趣味性教学活动也会让幼儿感受到新奇，并充满兴趣。

（三）信息技术教学法

从实际角度来说，信息技术教学是一种直观呈现的教学手段，这符合幼儿的实际认知。我们教师在平时的教学过程中，完全可以利用信息技术的动态性，为幼儿呈现丰富的成语与古诗的世界。当然在选择材料的过程中，教师一方面可以选择成人真实的演绎，另一方面还可以选择动画的形式进行呈现。比如说，在"亡羊补牢"的教学中，教师就可以结合喜羊羊与灰太狼的动画角色来进行演绎，这可以产生不错的教学效果。

（四）结合多种教学活动，落实成语和古诗教学

幼儿在园所的学习与生活也为教师的古诗和成语教学带来了契机，比如说，在户外活动中，会涉及非常多的集体活动。在这个过程中，教师不仅可以鼓励幼儿积极与其他学生合作，同时还可以结合某些成语来完善他们的合作意识发展。比如说"同心协力、同甘共苦"这些成语，就可以有效提升幼儿的合作热情。同时，这种在实际活动中的成语教学，可以在幼儿实践的过程中进行充分印证，这不仅可以提高活动效果，同时也保障了幼儿学有所得。此外，像美术活动、音乐活动，教师都可以将古诗与成语渗透其中，一方面通过古诗与成语的烘托，丰富这些活动的内

涵，使幼儿体验到其内在的文化，另一方面幼儿也可以在充分的实践过程中获得有效的发展。

### 结　语

总的来说，成语与古诗是优质的传统文化，同时也是良好的教育资源，我们教师应当重视这些资源的有效应用，并积极发掘两者的教育性，积极创新教学方式，这样才能够给幼儿带来更为丰富的学习过程。

**参考文献**

［1］金苏娟．韵味古诗，润泽童心——幼儿古诗词教学研究［J］．中国校外教育，2019（31）：151—152.

［2］孟娜，李佳景，耿京金．幼儿成语戏剧服装道具设计活动及反思［J］．中国教师，2019（09）：86—88.

# 新时代背景下中华优秀传统文化如何在
# 幼儿园教育中传承与发展

高州市第一幼儿园　潘颖

**摘要**　《3—6岁儿童学习与发展指南》中明确指出，在对幼儿教育的过程中，要不断融入中国传统文化，培养幼儿爱国主义精神和对祖国的热爱情感。幼儿阶段又是一个人品格形成的关键时期，这个年龄段所受到的教育将对人一生的成长起到重要的作用。在幼儿园开展中华优秀传统文化教育，对于幼儿潜能的开发、性格的塑造及习惯的养成，具有重大而深远的意义，也是传承和发展中国优秀传统文化的最好途径。

**关键词**　传统文化　幼儿园教育　实施途径

随着新时代的发展，中外教育思想的贯通融合，幼儿教育的水平不断提高。然而，在我们教育与世界接轨的同时，我们与优秀的传统文化渐行渐远，我们的孩子对中华民族优秀传统文化知之甚少。2001 年我国颁布《幼儿园教育指导纲要（试行）》，说明我国政府已经意识到，民族文化的传承应该从幼儿开始抓起。龚自珍讲："亡国先亡其史。"西方哲人曾提出："让这个民族毁灭很容易，两代不读这个民族的书就可以了。"基于这样一种文化传承的责任感，幼儿园要挖掘出优秀传统文化的精髓，结合幼儿的年龄特点和认知特点，使其有效地在幼儿园教育中得到传承与发展。在幼儿时期开展传统文化教育，对幼儿的情感体验、社会认知、道德品质、人格修养等都能起到至关重要的作用。

幼儿阶段的学习是以游戏、故事、儿歌等方式来完成的，幼儿园是幼儿学习与生活的重要场所，《3—6 岁儿童学习与发展指南》指出，我们"要珍视游戏和生活的独特价值，创设丰富的教育环境，合理安排一日生活"，把传统文化教育与日常教育结合起来，让幼儿置身于中国传统文化的氛围中，以不自觉的方式，使幼儿耳濡目染，亲身体验中华文明的博大精深，在内心建立起强大的民族自豪感，并在无意识中养成以中华美德为主要道德标准的良好习惯。基于此，幼儿园可以从以下几个方面开展传统文化教育。

## 一、在幼儿一日活动中渗透传统文化教育

一日活动皆教育。幼儿的学习没有固定的时间和地点，一日活动的每个环节都是他们学习的途径和内容，生活即学习。我们根据幼儿学习的规律，在幼儿一日生活中注重强调道德规范、礼仪、风俗习惯等内容的教育，把传统文化教育渗透在一日活动各

个环节中，使幼儿在每日的幼儿园生活活动中，时时、处处都能感受、触摸传统文化，使传统文化教育更加生活化。例如，在晨间操中加入传统文化"武术"；课间活动时，组织幼儿开展"扔沙包""老鹰捉小鸡""跳格子"等游戏；饭前、午睡前、离园前等小块时间给幼儿讲一些神话故事、历史传说、典故、美德故事，如《嫦娥奔月》《盘古开天辟地》《孔融让梨》《大禹治水》《葫芦娃》《牛郎织女》《司马光砸缸》等，让传统文化渐渐影响着幼儿，陶冶着幼儿的情操。

## 二、将传统节气文化融入幼儿园课程

二十四节气是古代人在探索自然规律的过程中所得出的，其中包含很多方面的知识，比如天文学、农耕和物候等。在幼儿园教育中运用二十四节气，可以丰富幼儿园的教育资源，也可以使幼儿更好地了解我国优秀传统文化。挖掘传统节气文化，在幼儿园教育中渗透二十四节气的教育内容，需要教师结合幼儿身心发展特点，不断挖掘生活中与二十四节气内容有关的传统文化知识点，有效丰富幼儿教学内容，激发幼儿的民族自豪感，感受中华优秀传统文化的魅力和特点。例如，在春季时，教师以清明节为切入点，围绕清明节的传统文化内涵，确定合理的活动方案，激发幼儿对传统文化的学习兴趣。比如在清明节当天向幼儿讲解古诗《清明》，让幼儿了解清明节是中华传统节日。在讲解古诗的过程中可以向幼儿渗透二十四节气名称，使幼儿充分了解二十四节气。也可在讲解古诗的过程中，告知幼儿清明节有祭祖、扫墓和踏青等习俗，使幼儿充分感受到丰富的传统文化。

## 三、充分发挥环境创设对幼儿传统文化教育的有效性

幼儿园环境是一种隐性文化，也是对幼儿教育教学的一种渗透。环境作为一项重要的教育资源，应该注重其对幼儿教育的意

义和价值，以此来促进幼儿探索和表达的欲望。幼儿园环境创设应有效地融入传统文化，让幼儿在具有艺术性和教育性的环境中快乐成长。把中国特色作为环境创设的主题，形式上有墙饰、吊饰、展览架摆放、楼梯贴画等，其内容包括文化、艺术、饮食、经典诵读、文明礼仪等多方面的内容。例如，楼道墙体悬挂或张贴了各式各样的戏曲脸谱、文化扇、剪纸、国画等；楼道吊饰则装饰成了中华瓷器的造型，小主题命名为"中华瓷韵"；展览架一般做成博古架的造型，摆放一些以石头、瓶子、黏土为载体的中国元素的装饰；室内的吊饰以中国戏曲、中国瓷艺、中国剪纸、中国扇艺、十二生肖、四大发明、二十四节气、二十四孝、成语故事绘图等作为题材。这些装饰首先从视觉上给人以浓厚的中国味，使幼儿置身于充满中国元素的氛围中，潜移默化地体验中华文化的丰厚与博大，感受中华文明的大气与典雅，同时在美学、科学、社会等方面对幼儿进行了引导和熏陶。墙体上可以辅以文字说明，墙体内容的制作与收集可以交由老师、幼儿以及家长共同来完成，形成墙体与幼儿互动，墙体与家长互动，也可以在楼梯、柱子上一些小空间粘贴《三字经》《千字文》等典籍内容，使幼儿和家长随时可以诵读。

**四、通过家园合作的形式促进传统文化教育的开展**

家庭是幼儿成长最自然的生态环境，对幼儿教育有着影响和制约的作用。因此，以"互动式"的教育理念开展活动，能够充分调动幼儿的积极性。每逢节日，创造机会和条件让幼儿充分和环境、家长、同伴、老师进行互动，以主题活动的形式大家一起过节，邀请家长参加，使这些传统节日重现在幼儿的生活中。例如，举办以"团团圆圆中秋节"为主题的中秋节活动时，我们可以请爷爷奶奶来幼儿园和宝宝一起过节日，听奶奶讲嫦娥奔月的故事，背诵"但愿人长久，千里共婵娟"，鼓励宝宝把月饼敬献给爷爷奶奶，在温馨的氛围中感受浓浓的亲情，体验尊老爱幼的美德；端午节邀请家长来幼儿园和幼儿一起包粽子；元宵节邀请爸爸妈妈来幼儿园和幼儿一起搓汤圆、闹花灯、猜灯谜；清明节让幼儿和家长一起放风筝……亲子活动拉近了幼儿园、幼儿及家长的距离，使家长认识到中国传统教育的重要性，和幼儿园达成共识，达到家园共育的效果，也便于将幼儿的传统文化教育进一步延伸到家庭。

中华传统文化是一个民族的根和魂，是中华民族的共同家园。传承中华民族文化是我们每个人的使命和责任。有人说："传承传统文化要从娃娃抓起。"因为孩子是中华传统文化延续发展的希望。因此，在幼儿园开展中华优秀传统文化教育，不仅可以更好地促进幼儿的健康成长，还可以培养他们的爱国之情和民族自豪感，使中华优秀传统文化得到更好的传承和发展。

## 幼儿园安全教育的管理措施探析

高州市第一幼儿园　潘颖

**摘要**　《幼儿园教育指导纲要（试行）》中明确指出了关于安全教育与管理的问题："幼儿园必须把保护幼儿的生命和促进幼儿的健康放在工作的首位。"幼儿是社会成员体系中最脆弱的群体，很容易受到来自外界的伤害。而幼儿园作为他们身心成长的主要场所，应该积极地采用多样化的有效对策对幼儿实施安全教育与安全管理工作，在确保幼儿人身健康的同时，打造温馨和谐安全有序的园所环境。

**关键字**　幼儿安全　存在问题　管理措施

幼儿自我保护能力差，是社会成员中最脆弱、最易受到伤害的弱势群体。幼儿园必须把保护幼儿的生命和促进幼儿的健康放在工作的首位。应该说，大多数幼儿园都很重视幼儿的安全问题，但目前幼儿的安全教育实效差强人意。幼儿安全事故频频发生，意外伤害已成为威胁幼儿生命安全和健康成长的第一杀手。

**一、幼儿园安全教育与管理工作存在的不足**

**（一）对安全教育的认识存在一定偏差**

很多幼儿教育工作者认为，应该学会多种安全知识与技能以应对意外事故。然而因为主客观因素的限制，很多幼儿园存在内部安设消防设备不足、安全管理工作落实不到位、出入通道不畅等现象。

**（二）安全教育目标不明确**

对幼儿开展安全教育活动，主要是使幼儿了解基础的安全保健常识，同时学会基本的自我保护方法，而教职工在对幼儿实施安全教育时安全教育目标不明确，大幅度地降低了教育工作的实效性。

**（三）安全教育内容不够全面**

主要体现在教职工只是对幼儿进行口头上的叮嘱，例如告知幼儿"雷雨天不能在树下避雨"，但是却没有告知其原因是什么，也没有告知下雨时在没有雨伞的情况下应该采取怎样的避雨措施。总之，安全教育内容的不具体不利于幼儿树立全面的自我保护观念，同时也大大降低了幼儿参与安全教育活动的积极性。

**二、幼儿园安全教育与管理工作的对策**

在幼儿园里，应把保护幼儿的生命和促进幼儿的健康放在工作的首位，那么我们通过什么方式来帮助幼儿掌握安全知识呢？我认为：

### （一）确保幼儿园内部设施的安全

造成幼儿园设施缺乏安全性的因素是多样化的，例如幼儿园的危房或者是危墙没有得到及时的维修，活动场所地板过于光滑、坚硬等。为了增强幼儿园安全管理的效果，幼儿园必须确保设施的安全性，这是落实安全管理工作的基础。例如定期对大型玩具的性能进行检查，及时发现与解决螺丝脱落问题，以降低幼儿在玩耍之时身体受到伤害的概率；提升围栏的高度，并对其采取加固的措施，以防止栏杆倒塌使幼儿受到惊吓或者是对其身体造成损害；将保护垫或地胶板平整地铺设于大型玩具下部，使幼儿在玩耍中获得快感的同时，人身安全也有了充分保障。

### （二）认真落实安全教育工作

《纲要》指出，要"密切结合幼儿的生活进行安全、营养和保健教育，提高幼儿的自我保护意识和能力"。结合幼儿的日常生活，让幼儿学习一些自我保护的方法和技能，变消极躲避为积极预防，才能够使各种意外伤害发生的可能性降到最低。要让幼儿明确一日生活中各个环节和各项活动的具体要求，知道应该怎样做，建立良好的生活秩序，避免出现伤害事件。如：不带小刀、扣子等危险物品进园；安静进餐、细嚼慢咽，不说笑（以免呛着）；保持正确睡姿，不把杂物带到床上玩，不含着东西睡觉；行走时学会靠右行走，不猛跑（以免碰撞、摔倒）；遵守游戏规则和集体纪律；有序离园，静待家长，安全返家等等。幼儿年龄小，自觉性和自制力较差，而习惯的养成不是一两天就能奏效的。因此，除了提出要求和教给方法外，还要经常提醒，不断强化，逐步形成幼儿的自觉行为，从而养成良好的常规习惯。

幼儿园安全教育工作包括对幼儿的安全教育和对教职工的安全教育。为了达到幼儿安全教育的教学目标，幼儿园在课程体系中应该添加安全教育课程，重点围绕自我保护以及危险认知两大方面开展教育工作，使幼儿能够在自己能力所掌控的范畴之内积极而有意识地对外界不良因素实施防范行为，以达到维护自身安全的目标；对幼儿园教职工的安全教育，首先要使他们树立安全理念与意识，从思想上真切地认识到保证幼儿安全的重要性与必要性，只有这样幼儿园教职工才能积极地发现各种潜在的安全问题，并对其实施有效的处理措施，为构建安全、和谐的幼儿园环境贡献自己的力量；再者，幼儿园领导应该发挥导向作用，定期组织教职工参加安全操作技能培训活动，使大家在相互交流中提高自身的技能水平。只有这样当幼儿园发生安全事故时，教职工才能做到临危不惧，对其快速、有效解决，以保障幼儿的人身安全。

（三）建立健全安全体制以及检查机制

幼儿园安全检查体制所涉及的领域是极为广泛的，一是门卫制度的建立与实施，将无关人员有效地与幼儿园隔绝，并且在制度的约束下家长擅自带幼儿离开幼儿园的现象得到有效的遏制；二是幼儿园接送体制的建设，从根本上保证了幼儿入园以及离园的安全；三是建立《食品卫生安全制度》，这是强化幼儿园安全管理工作效率的有效手段之一。此外，安全管理制度的建设是建立在安全管理工作小组成立的基础之上的，这也是专项检查和一般检查等检查工作落实的基础，也是对消毒制度执行效果进行监测的有效途径。总之，强化幼儿园安全教育与安全管理的方法是多样的，有效性安全教育评价体制的建设，有利于幼儿安全教育与管理工作落到实处，强化幼儿对安全知识记忆的程度，使安全教育融入幼儿一日生活中，帮助他们树立安全意识，从根本上强化幼儿园安全教育与安全管理工作。

**（四）幼儿园、家庭和社会全方位出动**

教师要指导家长在家庭生活中开展安全教育。父母可充分发挥家庭教育的优势，从孩子幼年时就加强对安全行为的训练，培养和提高孩子的自我保护能力。如家长平常带孩子外出时，应指导幼儿观察马路上的交通标志，并遵守交通规则，安全出行；指导幼儿明白走失时怎么办，让孩子牢记父母的姓名、工作单位、家庭住址及联系电话等。

总之，我们要本着"宁可有备无患，不可无备有患"的原则，提高自己的责任心，细心开展每一个活动，教给幼儿多方面的安全知识，避免危险和意外的发生，真正做到让每个幼儿健康、快乐地成长。

**参考文献**

[1] 温海珠. 幼儿园安全教育与管理措施探析 [J]. 文学教育（下），2015（04）：143.

[2] 白海燕. 幼儿园安全教育现状及对策探究 [J]. 科教导刊（中旬刊），2012（12）：242—243.

# 四季流转的智慧
## ——认识二十四节气的案例探究
高州市第一幼儿园　潘颖

我国是一个拥有五千年历史的文明古国，劳动人民在漫长的历史长河中创造出璀璨的华夏文明，犹如珍珠般闪烁着迷人的光彩，二十四节气表达了人与自然、宇宙之间独特的时间观念，是中华民族悠久历史文化的重要组成部分，凝聚着中华文明的历史文化精华。二十四节气既是历代官府颁布的时间准绳，也是指导农业生产的指南针和日常生活中人们预知冷暖雨雪的指南针。二十四节气通过对天文、气象、物候等一些自然规律的科学总结，反映季节、气候、物候等自然现象的变化规律，是我国古代劳动人民辛勤劳动与智慧的结晶。

## 一、特色起由——传承传统文化

高州市是广东省历史文化名城、"三个代表"重要思想发源地、"中国民族民间艺术（木偶）之乡"（高州木偶戏被列入第一批国家级非物质文化遗产名录）、"中国楹联文化城市"，盛产岭南三大名水果——香蕉、龙眼、荔枝，被誉为"全国水果第一县（市）"。我园作为高州市区唯一一所公办性质的幼儿园，自1947年建园以来，秉承传统，紧依氛围，立足于社会对人才的需要，以对幼儿全面负责的高度责任感，在以艺术教育特色的基础上，依据《3—6岁儿童学习与发展指南》，利用传统节日适当向幼儿介绍我国的民族文化，帮助幼儿感知文化的多样性，深刻了解我国传统文化，激发幼儿的民族自豪感。基于此，高州市第一幼儿园从园所文化背景、幼儿身心特点及认知规律等方面出发，开发、整合幼儿园各种活动资源，从发现自然秘密、体验民俗风情、表达多元创意三个层面开展幼儿园二十四节气文化活动探索实践。

## 二、过程措施——开发童智

（一）全面提升幼师素质，为二十四节气活动的开展提供师资保证

为了让幼儿能在幼儿园的活动中，潜移默化地感知二十四节气与大自然的联系，必须创建一支素质精良、朝气蓬勃、结构合理、相对稳定的师资队伍，为幼儿的健康快乐成长和素质全面发展提供根本保障。为此，我园建立了"二十四节气活动"研究小

组，由园长、业务园长、教研组长等同志组成课题攻关小组，使科研活动有组织、有计划地进行。我园要求全园教师人人参与课题研究，并定期开设"教学沙龙"活动，要求幼师边研究、边运用、边学习、边实践。将二十四节气的各个习俗文化融入我们的每一习俗活动中，使每一位教师都熟知我们的节气特色，全面提升幼师素质，为二十四节气活动的开展提供师资保证。

（二）营造实施环境，全面提升办学品位，为二十四节气活动创造有利条件

我园非常注重与幼儿共创具有亲和性、教育性、知识性、趣味性的教学环境。依据每一节气的特点，幼师带领幼儿自己动手，对园内环境进行统筹安排，精心设计、布置相应的节气环境。如，春分每个班在教室墙上贴上农民伯伯播种的照片，在教室阳台或窗台上放置种植盆，春分当天带领幼儿进行播种体验。

每个节气里，幼儿园都会创设空间和机会，给予幼儿丰富多样的体验活动，为幼儿的童年生活增添了乐趣和快乐的回忆。

（三）注重过程管理，巧设活动环节，全面提升活动质量，为特色兴园提供发展动力

在二十四节气活动的过程中，注重过程的方法与形式的选择。四季的变化带来自然界气候、温度、环境等变化，而大自然和生活中真实的事物与现象是3—6岁幼儿科学探究的生动内容。天气的变化、动物的活动、花朵的盛开，以及人们的活动，都能够引起幼儿的好奇心和想象力，激发幼儿的探索欲望。教师带幼儿置身于大自然中，用耳朵听、鼻子闻、眼睛看、手摸、脚踩、嘴尝……用这些直接的互动方式，帮助幼儿直观地感受和发现自然物候的变化。

例如，借助朗朗上口的《二十四节气歌》，幼儿通过欣赏图

文、朗诵、歌唱、舞蹈等方式，对二十四节气有了直观的认识和理解。之后教师可以引导幼儿用手中的画笔，从不同的角度画出自己眼中看到的节气，可以是幼儿根据教师的讲解大胆想象后作画，也可以让幼儿描绘爷爷奶奶描述的节气场景或有纪念意义的照片所体现的节气特点。还可以让每名幼儿用自己感兴趣的表现方式，表现"我眼中的二十四节气"。

又如，清明节的"放风筝"活动中，幼儿三五成群拽着风筝线奔跑着，在一次次的奔跑中，他们发现了要想把风筝飞上天空，还要关注好风向、风力大小、线的收放速度及奔跑的速度等，这些经验的获得都是幼儿亲身体验的结果。

每一节气的活动，幼儿与教师都能从中获得不同的经验和体会，让每一节气活动的初衷得到不断升华，以传承我们先人一辈的智慧，认识我们的自然环境，敬畏大自然的力量，为幼儿以后的成长打下良好的生活基础。

### 三、成效初显——园本文化内涵丰富

二十四节气蕴含着丰富的文化价值，有许多谚语、儿歌、童谣、古诗等，其中优美的文字和意境，对幼儿来说是一种艺术享受。我园将以二十四节气为突破口，深化教学改革，促进幼儿身心全面发展。随着二十四节气活动的不断深入开展，有效地推动了我园整体工作的优化，教职工工作激情高涨，全园环境依据季节变换而五彩斑斓，办园理念得到重大提升，特色活动的开展得到社会各界的一致好评。

### 四、检验体会——以幼儿为本

在实施二十四节气活动的过程中，我园也充分体会到：活动的主体是幼儿，活动要紧依幼儿的身心发展情况，去设立活动目标和活动形式，才能得到预期效果。自主性是幼儿个性的本质，

二十四节气活动的实施和研究必须把幼儿作为主体，相信幼儿的自身潜能，尊重幼儿的人格，尊重幼儿的选择，在活动中充分发挥幼儿的主动性。同时要进一步加强家园共育，加强与幼儿家长的联合，采用多种形式同幼儿家长宣传，以取得家长配合，寻求共识，营造氛围，形成教育合力。

### 五、今后设想——科学推广

首先，幼师素质要不断提升。幼师的素质问题是社会各界普遍关注的重点，在二十四节气活动的推广过程中，要形成家园共育的教育合力，教师与幼儿家长的沟通与交流会更加频繁与密切。教师需要努力提高自身的各个方面的素质，以一个正面的光辉形象展现给大众，才更有利于我们的活动深化开展。在教学研究中，教师们也要人人参与其中，设计教学活动，为了"教"，自己必须先做，先学。所以，教师必须要在各个方面提升自己。

其次，活动的形式要丰富多样。要充分挖掘节气中的艺术元素，让幼儿通过说、唱、画、撕、剪、贴等方式，展现节气中的艺术美，提升幼儿对自然的审美能力，提高幼儿的艺术修养。

同时，特色经验要提升理性。随着二十四节气活动的不断深入，全园工作整体优化，办园理念得到提升，中华民族优秀传统文化与美德得以代代弘扬与传承，民族文化根植于每名幼儿的幼小心田中。但为了使二十四节气活动这一特色真正成为我园的特色文化，成为幼儿教育活动的重要组成部分，还需要我们在实践中积极探索，努力研究，总结上升到理论，更好地发展这一特色。

总而言之，二十四节气是我国优秀的传统文化，至今仍然发挥着重要指导作用，依然是人们衣食住行的重要参考，具有重要的文化价值。从立春到立冬，从小暑到大寒，二十四节气遵循着自己的步伐，行走在高州市第一幼儿园的田园里，行走在幼儿的生活里。二十四节气蕴含着成长的力量，紧扣节气的自然本质与幼儿率真的契合点，基于幼儿生活体验，教师应该重视二十四节气文化与现实的联系，使幼儿对二十四节气有一个简单的认知，从而使二十四节气习俗和文化内涵更好地传承下去。

## 实施幼儿生命教育的策略

信宜市教育城幼儿园　张萍

**摘要**　幼儿阶段是人类一生极为重要的阶段，幼教不仅是基础教育中极为重要的部分，同时也属于终身教育的启蒙部分，从幼儿阶段开始培养起尊重生命、珍惜生命的感情，能够促使幼儿树立正确的生命态度与生命观，对幼儿未来的发展具有十分重要的现实意义。

**关键词**　生命教育　现状　意义　措施

现阶段，社会中青少年生命意识淡薄、价值观念模糊等各种现象层出不穷，究其原因，主要在于广大青少年对生命本身的意义与价值存在认知迷惘的情况。除此之外，因为我国教育理念方面的制约，实际生活中的教育往往只注重升学教育，对生命教育方面的重视程度严重不足，导致广大青少年群体对生命意义、价值的认识存在偏差。过于追求功利的教育往往只教导学生学会生存，但并没有真正教会学生去追寻生命的目的与意义，导致教育逐渐偏离了生命的本质。

人类的发展关键在于精神、身体以及心理这几个方面和谐、全面地发展。人不仅是教育的出发点，同时也是教育的归属点，教育开展的目的主要在于人。生命教育主要在于引导学生去认知生命、热爱生命、尊重生命以及珍惜生命，从这个层面来看，生命教育是当前教育的核心所在。

## 一、幼儿园生命教学的现状分析

幼儿阶段是人类一生的重要阶段，在这个阶段，世界观与人生观都处于尚未形成的时期，具有极强的可塑性，而且幼儿自身的年龄相对较小，相对较为缺乏自我保护的能力，本身是极容易受伤的弱势群体。所以，从幼儿阶段就对其进行生命方面的启蒙教育至关重要。与此同时，幼儿已经开始留心身边花草树木的生长与凋零，以及人类的生老病死，而在实际生活当中自然也会提出"花儿为什么会凋谢？""我是怎么来的？"以及"死是什么意思？"等等问题，而这些都为生命教育提供了良好的机会。但是在现实生活的教育中，人们面对幼儿提出的这些问题，通常都会采用回避的方式来进行解答，错误地认为幼儿难以理解这些较为严肃的问题，或者是害怕这些问题会导致幼儿的身心发展受到一定程度的负面影响。实质上，幼儿通常在4岁左右便会对生命产生极为浓烈的好奇心，并提出一系列的问题，倘若这个阶段，幼儿无法获得来自家长、教师的正确引导，非常容易被"死亡"这个神秘面纱所笼罩。因为家长与教师的回避，幼儿了解死亡通常只能够通过童话故事、游戏、电影以及电视等媒介，然而因为上述媒介对死亡的描述存在神秘、扭曲、不真实以及夸张的描述，导致幼儿本身对生命产生片面、错误的认知。曾有新闻报道，某地有个幼儿在家模仿超人从窗口飞出去导致身亡；有个七岁的小女孩特别喜欢《还珠格格》剧中小燕子上吊未死的镜头，学着模仿后导致身亡……大众传媒存在的片面引导方式，导致许多幼儿产生模糊的概念，功利性的教育方式导致幼儿的生命活力受到巨大的制约，再加上错误的家庭教育方式，导致幼儿本身的积极生命情感发展受到了巨大的制约，上述这些内容都是我们必须要进行严肃对待与深层次思考的重要内容。

**二、幼儿园开展生命教育的意义**

生命教育是贯穿人一生的教育，从对生命的爱护与敬畏，到释放生命的能量，发挥生命的光彩，激活生命的智慧，需要人用一生去学习。人生头六年，即幼儿阶段，是构建人生方向的关键时期，是生命发展的重要基础。人一生最初的行为习惯、自我意识、智慧、技能以及知识等各个方面都是在幼儿阶段开始萌发、成长的，这就需要幼教工作者把握这个重要的时期，针对幼儿开展生命教育，使得幼儿能够从小开始了解生命、珍惜生命，为幼儿健康成长打下扎实的基础。

《幼儿园教育指导纲要（试行）》当中明确提出，幼教的开展必须为幼儿未来的发展打下良好的基础，并且要将保护幼儿的生命健康与促进幼儿的健康成长作为工作的重点。帮助幼儿树立正确的健康观念、生命观念，不仅要注重幼儿的身体健康，同时还必须要注重幼儿的心理健康。因此，高度重视幼儿的生命教育，使得幼儿能够从小明白生命的珍贵性，产生保护生命、关爱生命的正确理念，对幼儿的发展具有极为深远的意义。

**三、幼儿园开展生命教育的具体措施**

（一）转变观念，深化认知

要让孩子们健康成长，首先要让孩子们懂得珍惜生命、热爱生命，学校和家庭不能只是重视给孩子们灌输学习技能上的知识。而要更好地开展生命教育，也首先转变大家的观念，不能认为"死"是忌谈论的话题。要让孩子们知道，人的生命只有一次，"死"就是离开了亲人，离开了这个世界，再也回不来了，而不是像人们说的去了"天堂"。生命教育可以以死亡教育的形式出现，通过死亡教育让孩子树立正确的生死观念，以正确的态度珍惜生命，追求生命的价值和意义。

转变观念，还要深化大家的认知。珍爱生命，不只是要确保自己的人身安全，还包括有正确的人生观，有健康的品格，有热爱生活的心态。正确的人生观就是有和谐的身心，有承受挫折的能力，有对美好生活的追求等。健康的品格包括诚实、尊重、责任、公平、关爱等。生命教育不只是教给幼儿保护身体的知识以避免伤害，更重要的是让幼儿体验生命的尊严与幸福，学会欣赏、悦纳自己与他人的生命，为成长为热爱生活的幸福之人奠定坚实的基础。

（二）提升教师的综合素质

教师自身良好的素质是教师教育教学行为顺利实现的保证。教师的道德品质、教学态度、行为举止等等都会对学生构成一种自然的教育力量，产生潜移默化的熏陶、感染的作用。生命教育的贯彻与实施最终依赖教师来完成，幼儿园应重视生命教育的育人功能，制定生命教育课程，更重要的是培训教师，使其充分了解生命教育的内涵，掌握生命教育实施的原则与方法，在教学中进一步增进对生命教育的认识，保证生命教育贯穿于幼儿的生命发展教育全程。

学校是让孩子们接受知识的重要场所，要让孩子们更好地做到珍惜生命、热爱生命，教师必须明确开展生命教育的重要性，并且能用最适合的方式去教育幼儿，这样才能够确保"言传身教"的质量与效果。教师要开展各种主题活动，在各种主题活动中贯穿生命教育，将主题活动不断拓展、延伸、深入。教师还必须以研究者的姿态，在进行珍爱生命的教育教学中不断研究与探索，根据现实需要进行改革，变通教学方式，有所发现，有所创造。

（三）进行生命教育的具体方法

生命教育内容十分广泛，涉及的内容方方面面，如何把重要的安全防护知识简单化地传授给幼儿，值得幼儿教师探讨。

1. 环境教育法

环境创设是幼儿园最直观的教育方法，教师用有趣的图片、漫画、标志符号、照片等布置安全宣传栏或墙饰，让幼儿在环境中潜移默化地受到教育。如：在户外大型体育器械旁边贴上温馨提示，给教师、家长、孩子以恰当的安全提示；在走廊、通道、楼梯的墙上贴上各种卡通安全标志，让幼儿知道"不要在公路上玩耍"等安全常识；在楼梯口贴上小脚丫，让幼儿知道在上下楼梯时要靠边走；在活动区墙上贴上卡通漫画并添上朗朗上口的儿歌，让幼儿在欣赏到精美画面的同时知道"不能玩火""不能从高处往下跳"等等。这些标语要定期更换，让幼儿每日都能看一看，念一念，将安全意识的"种子"悄然植入幼儿心底。这样创设出"会说话"的活动环境，让幼儿感受安全教育知识。

2. 渗透课堂教学法

以课堂活动教学为主要渠道，把生命教育贯穿于语言、科学、健康、社会、艺术等教学活动中，采取不同学科和不同课型相互渗透的方式，并辅之以社会实践活动，使知识传授与亲身实践相结合，这种多渠道、渗透式的生命教育，可以对孩子产生耳濡目染和潜移默化的作用，形成对生命的全面认识。比如：在科学活动中可以引领幼儿走进大自然，亲近大自然，通过与周围环境、动植物、大自然的直接接触和探究活动，让孩子们逐渐发现和感受到自然界的奇妙和美好。又如：在语言活动"小鹿死亡之谜"中可以进行死亡教育，使幼儿初步认识死亡，了解生命的意义与价值，学习面对死亡的正确态度。

3. 趣味游戏法

游戏是幼儿最感兴趣的活动，也是最有效的教育方法。通过生动有趣的游戏活动，让幼儿在轻松愉快的氛围中，进行自救技能的训练。如：针对幼儿对警察叔叔的崇拜心理，开展角色游戏"交通警察"，让幼儿扮演警察叔叔，使他们懂得各种交通知识，从小养成遵守交通规则的良好习惯。又如：开展情景表演游戏"你知道怎么办吗？"，创设一些情境：你一个人在家，有陌生人来敲门怎么办？你发现厨房漏煤气时怎么办？等等。教师引导幼儿设想出多种多样的自救自护方法并进行演练，同时组织幼儿讨论哪种方法更好，让幼儿懂得用最有效的自我保护方法，培养幼儿临危不惧、机智勇敢的品质，提高幼儿自我保护能力。

4. 日常渗透法

幼儿一日生活的各个环节都是安全教育的好时机，如晨检、午餐、散步、课间洗手、上厕所等。教学老师、生活老师和保健医生都应成为安全教育员，时刻抓紧机会对幼儿进行安全教育，教会幼儿一些生活小知识。如在晨检、午检的时候，医生和教师要检查幼儿口袋中是否有危险物品，发现有要及时没收，预防幼儿在自由活动或午睡时被戳伤或将异物塞进耳、鼻、口等；保育员要提醒幼儿餐前洗手，预防病从口入等；教师要引导孩子玩玩具时不能抢，不能打闹等。

教育的方法有很多很多，除了上述方法，还可以采取亲身体验法、讨论法、角色扮演等方法对幼儿进行有效的生命教育。例如：播放死亡视频，教师解说，增强孩子对死亡、生命的理解；播放家人或朋友一起玩耍的录像，观看世界各地美丽景色和欣赏动听音乐等，引导幼儿喜欢世界，以积极的态度认识生命的意义；模拟各种情境，教师和幼儿扮演不同的角色，体悟生命与生活。

(四) 创造一个家园共育的良好环境

家庭是塑造幼儿个人品格的第一场所，家长是孩子的第一任老师，家长的一言一行都会对孩子产生潜移默化的影响。家长的生命观以及对生命与死亡的看法都会影响到幼儿的生命认知。在进行生命教育的过程中，教师要常常与家长沟通，互通幼儿成长中的点滴，争取让家长协助进行教育，在教育方法、要求上取得一致，以实现家园共育，形成合力。教师可以采取多种形式，让家长懂得培养幼儿安全意识、珍惜生命的重要性，掌握教育方法，做到家园一致，达到事半功倍的教育效果。比如：让家长参与幼儿园的活动，与家长共同商讨、制定幼儿在园、在家应注意的安全细则，并把各项安全注意事项贯穿于幼儿的一日生活中，使之不断内化为自觉的、习惯性的良好安全行为。除了安全保护方面的认识，家长还可以引导孩子全面认识自己，知道自己的姓名、性别、年龄，了解身体的外形结构和五官的功能，引导孩子从生命的起源开始，对自己的出生、成长过程拥有一个完整的意识和了解。这样通过家园共育，一定会对孩子正确认识生命、珍爱生命有更大的帮助。

(五) 各个媒体应当对幼儿生命教育负责，切实发挥媒体本身的正能量引导作用

大量的动画片为了增强故事的精彩性和神秘感，会对各种现象夸张渲染，这会对孩子造成错误的引导，使孩子对于生命的理解发生偏差。

各个媒体应当对幼儿生命教育负责，切实发挥媒体本身的正能量引导作用。要多放宣传片和教育片，让孩子们正确了解生命

的可贵，懂得珍惜生命，尊重生命，能树立正确的生命观。而在影片中如果有一些极需要进行虚幻的情节，一定要附加说明，有些需要提醒家长配合观看做好正确引导。通过媒体等多渠道来引导和帮助孩子认识和感悟生命价值，热爱自己的生命，进而尊重、关怀、欣赏他人生命，为树立积极的人生观打下良好基础。

**（六）持之以恒，长效管理**

任何一项工作的执行都不是一两天猛抓就能够达到要求的，生命教育也是一个长期管理的过程。因为幼儿的年龄小，各方面发育还不完善，自我控制能力差，很容易忘记老师说的话，所以需要老师在日常生活中不断地加强巩固，使幼儿良好的安全行为得到强化，形成习惯，做到自律，时刻懂得珍爱生命。只要我们能坚持科学的教育方法，持之以恒，一定能使幼儿将各种安全行为转化为心中自主的、自觉的、习惯性的行为，从而顺利地融入社会，懂得保护自己。培养孩子做事在于持之以恒，作为一名幼教工作者，用自己的爱心、耐心、细心去认真对待自己的工作和幼儿，在不断的、长期的、重复的教育中，幼儿将获得良好的安全行为习惯，从而做到珍惜生命，热爱生命。

总的来说，孩子的幼儿教育时期，是建立孩子人生方向的重要阶段，对个体的生命发展具有重要的奠基作用。在学前教育过程中，人生最初的知识、技能、智慧、朦胧的自我意识、良好的行为习惯都在萌发、生长，幼儿教育要抓住这一关键时期对孩子进行生命教育，让孩子从小了解生命，学会珍爱生命。

# 山区幼儿园开展信息化教育的现状分析及策略
信宜市教育城幼儿园  张萍

**摘要**  《3—6岁儿童学习与发展指南》指出，幼儿的思维特点是以具体形象思维为主。这决定了幼儿园的教学活动应采用直观的教学方法，进而确立了学前教育信息化教学的重要性。将信息技术融入幼儿园教育教学，能使各类资源更加丰富，教育渠道更加多样化，教育方法更加直观、具体、有效，实现教育思想、教学观念、教育模式的根本转变。但是在山区幼儿园，信息化教育教学开展起来较为困难。本文阐述多媒体技术应用于幼儿园教学活动的优越性，对山区幼儿园开展信息化教育教学现状进行分析，从而提出推进山区幼儿园信息技术教育教学的解决策略。

**关键词**　山区幼儿园　教育信息化　现状分析　解决策略

## 一、信息化技术应用于幼儿园教学活动的优越性

多媒体技术突破了传统的教学模式，能够激发幼儿的求知欲，培养其思维能力、自主学习能力，促进幼儿认知、情感的发展，提高教学效果；同时，将教师从传统的说教模式中解放出来，提高幼儿教育的实效性。

### （一）多媒体技术能吸引幼儿注意力，提高学习兴趣

爱因斯坦说："兴趣是最好的老师。"兴趣是通过外界事物的独特性、新颖性来满足幼儿探究心理的需要而形起的，它能激发幼儿的学习兴趣。3—6岁幼儿年龄小，兴趣广泛，注意力集中的时间短，这一阶段的幼儿无意注意占主导地位，需要新颖、鲜明、具体形象的刺激。多媒体技术走进幼儿园的教学，其色彩鲜艳、画面多变、动静结合、形象生动的特点，能吸引幼儿的注意力，有效提高幼儿的学习兴趣，让幼儿感受到学习的快乐。在开展主题活动"快乐的中秋节"时，教师播放《多姿多彩的中秋节》视频，让幼儿通过色彩鲜艳、生动形象的画面和浅显易懂的

解说了解人们过中秋节的民俗，如吃月饼、赏月、玩花灯……

**（二）多媒体技术能创新教学情境，提高教学效率**

在以往的教学中，教师为了更好地教学，通过展示挂图或语言描述对幼儿进行知识的传授，这种方式不利于幼儿对知识的理解、掌握，教学效果不理想。利用多媒体技术，能同时呈现文字、声音、动画等，做到试听结合，营造了动态情境、想象空间。多媒体技术综合运用形、色、声、光，创造灵活多变的教学情境，把静态知识动态化、枯燥知识趣味化、抽象知识形象化，从而提高课堂的教学效率，使幼儿在轻松舒适的学习氛围中有效地完成教学任务。在语言活动"会动的房子"中，教师利用多媒体播放风吹的声音，让幼儿猜一猜小松鼠到了哪里，幼儿会非常高兴地讨论起来；接着播放 PPT 后，幼儿又被优美鲜明的画面吸引，其学习的主动性和积极性被调动起来。

**（三）多媒体技术能优化教学内容，有效解决重难点**

利用多媒体技术进行动态演示，把以往教学中无法表现出来的抽象事物和现象变得直观、具体，揭示事物发展的规律，将教学内容生动形象、鲜明地表现出来，使教学的重难点直观化、具体化、形象化，让幼儿易懂易记，促进幼儿对内容的理解。例如，科学活动"色彩变变变"教学目标是引导幼儿认识三原色，感受颜色的变化，教师运用多媒体技术将静态的画面变成动态、生动形象的动画，并加入声音，可以更好地表达教学内容，准确地再现了不同颜色混合的变化，有效解决了教学的重点和难点，使幼儿学习取得事半功倍的效果。

优美的画面、动听的音乐、鲜明的色彩十分适合幼儿的好奇心理和认知规律，多媒体技术在教学中灵活运用，体现的优越性是传统幼儿教学方法无法相比的。

## 二、山区幼儿园信息教育教学现状分析

### （一）受经济条件限制

山区幼儿园信息基础设施设备和资源建设薄弱，严重影响山区幼儿园教育教学质量和水平，也制约着幼儿园信息教育改革的进程。据不完全统计，笔者所在的县级市约有 162 所幼儿园，其中公办幼儿园 24 所（市区幼儿园 5 所，乡镇幼儿园 19 所）；民办幼儿园 138 所（市区幼儿园 48 所，镇村幼儿园 90 所）。其中，拥有现代化教学设备，能充分利用信息技术开展教育教学活动的幼儿园不超过 10 所；拥有现代化基本教学设备，能利用信息技术开展部分日常教育教学活动的幼儿园不超过 20 所；其余幼儿园基本采用传统教学方式开展教育教学活动，主要集中在民办幼儿园和农村幼儿园。

### （二）对幼儿教育发展认识不足

边远山区经济社会发展相对落后，教育观念也相对落后。人们有一种偏见就是中小学的发展比幼儿阶段的发展更为重要，因此，对幼儿教育乃至整个基础教育投入不足，幼儿教育长期处于弱势地位。比如，很多乡镇幼儿园设施设备落后，不具备符合开展幼儿教育标准的活动场所；教具、玩具缺乏，更谈不上信息化设备。当然，近年来，政府部门已经开始重视学前教育的发展，出台了一系列改革政策，努力改变现状。

### （三）师资落后，缺乏有效的培训

与中小学相比，幼儿园教育信息化起步较晚，导致幼儿教师信息技术能力严重不足。他们大多只掌握录音机、电视机、计算机等传统教育技术设备，而对电脑、一体机、摄像机等设备的掌握水平相对较低。大多数农村幼儿园教师从未使用过 PPT 和微课制作软件等。大多数幼儿园教师缺乏制作多媒体课件和处理多媒

体资料的能力。信息技术在教学资源和教学过程中的应用水平很低，尤其是在农村幼儿园，大多数老师年龄偏大，不能接受新思想和学习新技术，学习新技术的意识和能力较弱，甚至对现代信息技术的学习有恐惧和抵制情绪。

### 三、山区幼儿园推进信息技术教育教学的策略

#### （一）有效改善贫困地区办园条件的政策支持

山区幼儿园教育存在的问题，根本原因是教育投入不足。因此，地方政府和教育主管部门要抓住国家提倡教育均衡发展、教育建设资金向农村薄弱学校倾斜的机遇，针对幼儿园软硬件设施缺乏、课程改革困难等问题，通过政府部门的政策倾斜来调整资源配置。有关部门和人员还应及时提出有效措施和实施方案，宏观调控，微观推进，制定统一的城乡幼儿园运行标准，切实加强幼儿园达标建设，落实政策，加大投入，改善贫困地区幼儿园办学条件，在幼儿教育教学中充分利用新兴信息技术教育。

#### （二）更新观念，切实提高对信息技术教育的认识

##### 1. 更新教育主管部门观念

教育主管部门要更新观念，不能只强调中小学信息技术的发展，而忽视幼儿园信息技术的发展。教育主管部门要充分认识到信息技术在幼儿园教育教学中应用的重要性、必要性和紧迫性，推动教学改革，切实转变观念，积极采取有效措施，努力加强幼儿园信息化基础建设。

##### 2. 加强组织领导

健全运作机制，建立由园长担任组长，教导主任担任副组长以及骨干教师为组员组成的信息化管理团队，指导幼儿园的信息化工作的开展，建设一支运用现代技术的骨干队伍，培养能具体负责信息技术应用园本培训工作的骨干教师。

### 3. 明确园长责任

园长是幼儿园信息化能力提升工程实施的第一责任人，要准确把握幼儿园信息化应用水平，组织制定本园信息化教育教学发展目标和规划，并围绕目标、规划切实开展信息化教学园本研修，支持教师参加信息技术应用能力提升培训。

### （三）加强培训，培养掌握信息技术的教师队伍

在幼儿园开展信息技术教育教学，要按照缺什么、补什么、学什么的原则，提高幼儿教师运用信息技术的能力，加大培训力度，培养掌握现代信息技术的优秀教师。

### 1. 明确培训对象，更新教师观念

教师要正确对待和接受传统教育与现代教育的区别，树立创新发展的信心和决心，有计划、有目的、有步骤地运用信息技术推进幼儿园教育教学改革，进一步提高教育教学质量。大部分地区的幼儿园园长和幼儿园教师都有一定的信息化意识，但都缺乏相应的信息素养培训。以往的培训都是把幼儿教师归附于中小学教师中，不重视幼儿教师的培养。根据《中小学教师教育技术能力标准（试行）》中提到的对专业人员的要求，要有针对性地对幼儿教师进行信息技术培训，注重信息技术在幼儿教学中的应用。因为基于幼儿教学年龄段的特殊要求，幼儿教育是与中小学教学有很大的区别的，所以只有有针对性地进行培训，才能从根本上解决幼儿园信息技术与课程整合的问题。

### 2. 采用"以点带面"的培养模式

在"走出去，请进来"的模式下，教师被派去培训，专家被邀请来指导。在培训过程中，要注重教师的操作和实践，落实相关培训制度，确保培训质量。

（1）专家讲座。聘请专家向全体教师讲授教育信息化的理

论、发展趋势以及教育信息化对教师信息技术能力的要求，使教师接受新的教育理念。增强信息教育的意识和明确信息教育的意义，是教师自觉提高信息技术能力的途径。

（2）学习经验迁移。组织教师到开展教育信息化成功的幼儿园跟岗学习，再组织教师培训，开展教学示范教育活动，使更多的教师自觉学会运用信息技术，提高教学质量。

3. 环境熏陶

学校通过校园信息化建设，营造信息化工作氛围，使教师在工作中离不开现代信息技术，从而从根本上提高自身的信息技术能力。如有条件的幼儿园安装安全监控系统、网络系统、广播系统等；在办公室增设复印机、彩印机、打印机；给办公室人员和各班教师配备工作电脑，方便备课和开展工作；配备专用电教平台、移动平台；建立校园网让全园联网进行资源共享；配备专门信息化管理员。

4. 课题研究

教育信息化是一种新的教育方式，如何利用多媒体和网络提高幼儿教育教学质量是一个新的课题。它需要教师进行创造性的研究。通过对群体或个体形态的研究，探索信息时代的学习与教学，有助于教师信息能力的提高和创新。因此要鼓励及带动教师积极投身于信息化教学的课题研究。

5. 建立激励机制

要鼓励幼儿园教师自主学习、创新，积极开展教学科研活动、大胆探索和改革教学模式。一是要定期开展课件制作、微课制作等比赛，逐步提高教师信息化应用能力；二是要求教师定期撰写与信息技术教育教学有关的论文、案例分析和教学笔记进行评比；三是通过上公开课、相互介绍经验等方式，提高教师的信息技能和信息理论素养。四是对参加市级以上优秀课件、微课等评选获奖以及积极开展课题研究的教师在年终考核、评优评先中在教研成果相关项目上进行加分。

**（四）利用网络构建资源库，实现资源共享**

1. 重视幼儿园信息技术资源开发共享

教育信息化的永恒主题是资源建设，学前教育的范围广阔，资源共建共享是推进学前教育信息化的最大优势所在。因此，学前教育信息化发展的重中之重就是整合优质教育资源，有效促进共享。所以有关部门要从幼儿园的角度出发，把资源建设与教育效能紧密联系起来。一方面要充分利用信息技术，整合优质教育资源，积累和形成幼儿园特色文化，为资源共享创造条件；另一方面要鼓励资源建设和创新，营造共享共建的氛围，形成幼儿园资源开发共享的可持续发展机制。

2. 培养专门的设计开发人员

学前教育是一个特殊的年龄阶段，信息资源应符合当前学前教育的目标、内容和特点，设计应符合儿童的身心发展特点。同时，还要培养专门的设计开发人员，参与幼儿园一日活动、教学活动、观摩课等相关资料的收集整理，建立幼儿园网络研修平台，并以图片、文字、音频、视频、动画等多种形式进行展示，为本园研修常态化提供平台保障，为经验交流、成果分享、辐射引导提供展示窗口。

**四、结语**

综上所述，幼儿园教育是基础教育的重要组成部分，是学校教育和终身教育的奠基阶段。学前教育信息化是中国学前教育整体质量提升的时代需求，因此，学前教育的一体化建设、均衡发展、课程改革、教师专业化发展等，有赖于学前教育信息化发展的指引。在推进学前教育信息化的进程中，必须同时重视山区幼儿园的同步发展、合理统筹、合力推进。

**参考文献**

[1] 李宏飞. 幼儿园多媒体教学应用现状的研究［D］. 河北：河北师范大学硕士学位论文，2017.

[2] 刘晨洁. PPT 和 Flash 媒体技术在幼儿园科学领域教学活动中的应用研究［J］. 课程与教学，2019（4）.

[3] 杨慧，魏萍. 微载体涵养大学生社会主义核心价值观的路径浅析［J］. 教育评论，2018（4）：87.

[4] 胡春春. 推进幼儿园教育信息化的几点建议［J］. 青年时代，2016.

[5] 韩彩虹. 贫困地区幼儿园信息技术利用之我见［J］. 中国教师，2019.

# 论如何推进农村幼儿园课程游戏化

高山镇中心幼儿园　李雪

**摘要**　幼儿园课程游戏化是指把对幼儿的教育目的、内容、要求融于各种游戏中。通俗地说，课程游戏化就是让幼儿园课程更贴近生活，更生动一些，更有趣一点，活动形式更多样化一点。但课程游戏化不是用游戏去替代其他课程活动，其根本目的是要把游戏的理念、游戏的精神渗透到各类课程活动中，促进幼儿健康快乐成长，同时提升教师课程建设水平和课程实践水平。本文将从三个方面进行阐述，即：强化课程游戏化教学理念，提升教师的专业化水平；重视设计，加强游戏化在教学活动中的渗透；创设课程游戏化环境，营造自主学习的氛围。

**关键词　游戏化　教学理念　游戏环境**

《幼儿园教育指导纲要（试行）》中明确指出，幼儿园教育应尊重幼儿身心发展的规律和学习特点，以游戏为基本活动。自从新一轮基础教育课程改革后，教育局对幼儿园课程也提出了新的理论要求，强调全面贯彻游戏化的教学思想，探索新的教学实践模式，实现游戏与教育的高度结合，从而做到保教并重，关注个别差异，促进每个幼儿富有个性的发展。然而，目前我国大部分农村幼儿园普遍存在着注重学习而轻视游戏的现象，游戏没有完全融入幼儿园课程中。为改善这一状况，教师必须及时认识到课程游戏化对幼儿发展的益处，站在更长远的角度上看待该教学模式。此外，还应从实际出发，本着促进儿童发展的宗旨，努力做好以下三点：

**一、强化课程游戏化教学理念，提升教师的专业化水平**

教师是课程实施是否有效推进的重要因素，他们在一定程度上决定了课程的教学质量。然而，农村幼儿园教师由于自身素质较低、对外信息闭塞和思想观念滞后，儿童观、教育观和游戏观还不够全面、科学，与现阶段学前教育的相关要求有所差距，不符合其主导教育方式，其教育观念仍然是"重教"，把"重学"放在了次要位置。原因在于我国很多农村幼儿园教师还未形成科学、系统、成熟的儿童观、教育观和游戏观，他们并不了解该理念的真正含义，在他们眼中，这仅仅是一个抽象的词汇，根本不知道该理念的基本概念。

对此，要强化课程游戏化教学理念，提升教师的专业化水平，应做到以下两点：

1. 加强教师培训，强化课程游戏化教学理念教师的专业素质和能力是课程游戏化有效推进的前提。要想让课程游戏化在幼儿园得到贯彻实施，必须让教师的自身能力和相关专业知识有所提高。相关部门应定时对教师进行专业培训，其培训模式可以是专题报告、集中培训等多种形式，从而使他们能够紧跟政策的变化，对游戏化教学做到充分的认识，使他们的儿童观、游戏观和教育观符合当前的形势。

2. 要整合资源，提升教师的专业化水平

教师的专业化水平是确保课程游戏化顺利推进的关键。教师的教育理念、专业意识、专业能力直接影响幼儿园课程的质量。然而，要提升教师的专业化水平是非常艰巨的任务，需要一个长期的过程，要求教师不断反思自我、改变自我、挑战自我。因此，应通过各级各类培训和现场指导、项目引领，逐步提升教师专业化水平。例如，幼儿园可开展"课程游戏化教研会"，采用"教学研讨—教学实践—教学反思—教学再实践—教学再反思—经验总结"这样的研讨方式，群策群力，制定有效的游戏化教学方法和策略。

**二、重视设计，加强游戏化在教学活动中的渗透**

课程是教育活动的内容载体，游戏化则是幼儿园课程应具有的基本特点。在幼儿教学中，应重视游戏元素的运用，加强对组织形式的探索和创新。需要注意的是，在制定游戏时要注重其与教育之间的关系，将二者紧密结合在一起，让幼儿更好地在游戏中学习、成长。

如进行大班体育活动"助跑跨跳"中，由于课程本身的乏味枯燥，教师可以先设计做游戏"大灰狼"，让孩子们随着音乐自由奔跑，当听到狼叫的声音时赶快跨进城堡里（由单元筒与体能棒围成）躲起来。音乐再起，游戏继续，这样孩子的兴趣一下子就提高了。接着教师就创设一个"小马运粮食"的故事情境：小马背着粮食先走过小桥，然后跨过小河，再绕过小树林就到达目的地了。这既有趣味且有新意的情景，能牢牢抓住孩子的求知欲和好奇心，让孩子在不知不觉的游戏中完成教学的相关课程。

另外，教师应该把课程游戏分为帮助孩子增长智力的游戏和帮助孩子学习基本技能的游戏两类，益智的游戏主要是棋类、音乐类或者体育类的游戏；学习基本技能的游戏包括角色扮演以及建构类的游戏等。孩子可以根据自己的兴趣选择适合自己的游戏，这样可以使孩子在玩游戏的过程中学习知识，开发自己的智力。同时，为了培养孩子的集体意识，教师要营造一些只有通过孩子之间的协作才能完成的事情，让孩子们体会到团队合作的重要性。

### 三、创设课程游戏化环境，营造自主学习的氛围

新《幼儿园工作规程》指出，幼儿园要创设与教育相适应的良好环境，为幼儿提供活动和表现能力的机会与条件。幼儿的学习是以直接经验为基础，在游戏和日常生活中进行的，换句话说，幼儿可通过直接感知、实际操作和亲身体验来获取经验。在幼儿成长的过程中，教师在课堂上讲授的知识幼儿往往不易接受，但是孩子们通过自己的实践掌握的知识将会深深地印在他们的脑海中。因此，教师在游戏中不能过分干涉孩子的活动，应给孩子们充分的自由空间，让他们选择自己喜欢的游戏。这样不仅有利于激发孩子们游戏的热情，同时还能够帮助孩子们养成主动探索的习惯。所以在课程中创设多样的游戏环境显得十分重要。

如：某教师创设一个以"迷你小超市"为主题的游戏环境。首先模拟一个超市场景，投放一些日常生活中幼儿熟悉的空奶罐、食品、文具等，让他们来扮演小售货员，引导他们按物品的

类别、用途进行分类，并且将这些物品放在指定位置，接着根据孩子们对物品的认知给物品标注适当的价格，然后一部分孩子扮演顾客，拿着自己的"钱"到商店采购物品。教师在旁边观看，出现一些物品和实际价格相差较大的时候要及时纠正。在买卖过程中，鼓励他们之间多交流、合作、探索，让他们解决在游戏中的实际问题，从而获取生活知识与经验。

皮亚杰的理论告诉我们，幼儿在上学之前主要是通过感知身边的实物来促进自己心理的发展的。因此，教师不但要注重环境与课程之间的联系，还要不断挖掘隐藏于课程游戏化环境中的各种教育资源，以此丰富游戏内容和形式，为幼儿创设出多元化的课程游戏化环境。

综上所述，幼儿园课程应立足游戏化，充分挖掘一切可利用的教育资源，进一步探究幼儿园课程与游戏的巧妙融合、相互渗透，让孩子在玩中学，学中玩，使孩子的身心得到和谐发展。

**参考文献**

[1] 虞永平. 课程游戏化的意义和实施路径 [J]. 早期教育：教师版，2015.

[2] 江燊. 幼儿园数学教育的游戏化 [J]. 教育评论，2007.

[3] 王豫荣. 幼儿园课程生活化、游戏化的初步探索 [J]. 俪人：教师，2015.

## 浅谈幼儿园教师如何对幼儿开展感恩教育

高山镇中心幼儿园 李雪

**摘要** 感恩是中华民族的传统美德，同时也是和谐社会的道德取向，在推动社会发展的进程中，感恩发挥着重要作用。《幼儿园工作规程》中明确指出："萌发幼儿初步的爱家乡、爱祖国、爱集体……和活泼开朗的性格。"因此，本文结合自身教学实践，就如何对幼儿开展感恩教育展开了详细论述，致力于将感恩教育渗透于日常教学中，从而培养幼儿良好的品质，促进幼儿健康成长。

**关键词**　幼儿教师　感恩教育　一日生活

　　乐于助人、知恩图报一直以来都是中华民族的传统美德。而当前，分数与升学率往往成为教育部门乃至家长最为关注的内容，而对幼儿的品德教育重视不够。再加上现今独生子女居多，家人对幼儿过度溺爱，所以大部分幼儿都认为别人的关怀是理所当然的。甚至很多幼儿只知道一味地索取，不懂感恩，常常和家人顶撞，这已经成为一个社会问题，需要我们引起深思。作为幼儿教师，应该把平时的教学活动与感恩教育有机结合起来，教育幼儿学会理解父母，珍惜同伴，给予他人真诚的关心。要想让幼儿将爱表达出来，就必须让他们学会理解爱，而一个人的世界观与人生观均形成于幼儿时期，因此，幼儿园教育对幼儿的成长至关重要。

**一、在幼儿园开展感恩教育的重要性**

　　感恩是中华民族的传统美德。先辈们教导我们"滴水之恩，当涌泉相报"。若人不明白为何要去感恩，那么其身心方面必然会存在着一定的缺陷，并且这类人不知道什么是恩与仇，因此极易做出一些恩将仇报的事情来，进而会对社会以及他人造成伤害。而人若有一个健全的人格，无论在生活中还是事业上，都更容易取得成功。

　　在教育方面，尽管我国现阶段正在大力推行素质教育，但仍然存在着过于关注幼儿智力发展的情况。家长注重幼儿智力教育是不容争辩的，但"十年树木，百年树人"，因此教会幼儿懂得感恩，培养幼儿的良好品质，尤为重要。由于计划生育的政策，大多"00后"的幼儿为独生子女，从小就受到父母及家人过度宠爱，觉得许多事情是理所当然的，不明白粒粒皆辛苦的道理，甚至形成了霸道、自私的性格。因此，为了改善这一现状，培养幼儿良好的行为习惯，需要将感恩教育融入幼儿平时的教育活动当中去。但感恩教育并非家长要完全承担的事，作为幼儿接受启蒙教育的幼儿园，也需要对幼儿开展感恩教育。

## 二、幼儿园教师开展感恩教育的具体路径

### （一）发挥幼儿园的内部资源优势

教师要树立良好的榜样，以身作则，对感恩理念予以有效的传播。处于幼儿阶段的孩子，其个性以及品质的形成尤为重要，关键点在于幼儿教师怎样通过启发，引导教育幼儿知道感恩，这就需要教师规范自己的言行。在幼儿园里，教师必须严格遵守幼儿园的各项规章制度，严格按照《幼儿园教师专业标准（试行）》来规范自己的言行，在幼儿生活中探寻具有教育意义的相关生活片段，对幼儿开展爱心教育，并在幼儿心中树立一个良好的形象，以此来提高幼儿的模仿兴趣。

此外，还可以利用传统节日来对幼儿开展主题教育。经过几千年的发展，我国拥有许多的节日，如中秋节、元宵节、劳动节等，其中就会涉及感恩教育的相关内容。因此，幼儿教师可以充分利用我国这些传统节日文化的资源，将这些节日的相关故事进行整理，并将节日含义进行拓展。如：中秋节是我国传统节日，在班级里面开展猜灯谜、制作花灯、讲故事等活动，通过故事及图片欣赏等途径让孩子了解中秋节的由来和习俗，把节日的含义

从古代的"明月寄相思"拓展到如今的"合家共婵娟"的幸福生活场景，以此激发孩子感恩社会、感恩家人、感恩大自然的情怀。通过开展节日感恩活动，能够在有效强化幼儿感恩意识的基础上，使他们心灵深处的感恩种子得以萌芽，让他们学会感恩与回报。

### （二）在幼儿一日生活中渗透感恩教育

在开展集体活动的过程中，教师可以选取一些与感恩相关的简短童话、寓言或者名人故事，通过讲解或讨论的方式，让幼儿能够知道感恩的道理；让幼儿学习演唱与感恩有关的歌曲，或者要求幼儿在特定的日子为特定的人做一件感动的事情，同时也可以让幼儿表达他们自己对感恩的理解。游戏是幼儿最好的伙伴，幼儿在一日生活中离不开游戏，因此，也可以在幼儿游戏的过程中对幼儿进行感恩教育，如在"我来当妈妈"这一游戏当中，让幼儿抱着娃娃走路、吃饭等，让幼儿们能够体会到当妈妈的不容易。还可以在一些活动角让幼儿自我体验感恩教育的相关内容与情节，如在角色表演区的医院、公交车、商场等，让幼儿扮演医生、护士、司机、售票员、收银员等角色，使幼儿能够在玩中学、学中玩。在获得一定社会经验的同时，体会不同职业的辛苦，引领他们学会感恩身边默默为大家服务的劳动人民。通过这样的教育之后，幼儿们在日常生活中慢慢学会了感恩。因此，在游戏中对幼儿进行感恩教育能够起到极好的效果。

### （三）开展丰富多彩的活动，引导幼儿学会感恩

幼儿园教师应将周围环境中的资源充分挖掘出来，对幼儿实施感恩教育。

第一，借助幼儿故事实施感恩教育，比如用《狐狸妈妈的葡萄》和《猜猜我有多爱你》等生动的童话故事来引导幼儿，使他

们对母爱的伟大有一定深刻的理解，从而懂得母爱，学会感激妈妈的付出。

第二，通过日常生活环节对幼儿的感恩之心进行培养。古人云："人之初，性本善。"爱心世人皆有，只是随着生活环境的变化和所受教育的不同，人的品行发生了改变。幼儿时期是孩子形成个性与品质的重要时期，成人的正确引导与培养至关重要。所以应从孩提时便对幼儿开展爱心教育。幼儿生活在幼儿园这一大集体中，深受环境的影响，因此，应从幼儿身边的小事出发，善于捕捉生活中幼儿互相帮助、幼儿与老师温馨互动等有教育意义的生活片段，随时对幼儿开展感恩教育。

（四）培养良好习惯，促进感恩教育

培养幼儿良好的行为习惯以及生活自理能力有助于感恩教育的顺利开展，并且也可以为其一生的教育打下坚实的基础。试想，一个连自己都照顾不好的人，又如何给予他人帮助，如何感恩呢？所以，一名优秀的幼儿教师，不仅要给予幼儿生活、学习以及思想上的关心，还应为幼儿创造机会，培养他们的自理能力。例如让幼儿独立完成扫地、系鞋带、擦桌子、穿衣服等任务，如此不仅可以让幼儿的动手能力得到了锻炼，还对幼儿独立生活、服务他人、感恩他人的能力进行了有效培养。但是，并非每一个人生下来就具备自理能力，习惯也不是短时间就能养成的。所以，在实践过程中，教师应发挥游戏、儿歌、榜样模范的作用，培养幼儿良好的行为习惯。当幼儿完成较好时给予肯定和表扬。但因为幼儿生活经验的缺乏，所以在操作时总会有各种问题发生，比如将衣裤弄湿、将桌子上的脏东西抹到地上等，针对这一情况，教师应给予他们帮助与鼓励，使他们的积极性免受打击。同时，让幼儿明白付出才有收获，从中对父母、老师的艰辛有深刻的体会。长此以往，便可以把幼儿的感恩之心培养起来。

（五）发动家长，做好家园共育工作

俗话说："家庭是孩子的第一任教师。"在幼儿心目中，父母的威信非常高，父母的一言一行对幼儿性格、人格的形成起着举足轻重的作用。相信大家都看过"妈妈，洗脚"这个广告，从广告中我们不难看出，父母的榜样作用对幼儿的成长影响巨大。所以，幼儿园教师可以充分发挥家园合力的作用，倡导父母以身作则，让家长在家里有意识地引导幼儿，促进幼儿感恩教育的开展。同时，可以经常组织家长参加一些讲座活动，并给予他们积极指导：告诉家长把感恩教育渗入到家庭教育中的一些小方法；让家长着重培养幼儿尊重家人、关心长辈，善于表达"谢谢""对不起"的良好行为习惯；同时让幼儿独立完成一些力所能及的家务，培养幼儿的家庭责任感，从而体会父母的艰辛，促进感恩思想的培养。

幼儿的感恩教育是一项任重而道远的工作，作为幼儿园教师，应利用各种有效途径对幼儿进行感恩教育，进而使他们明白除了父母以外，还应对老师、朋友、同学、亲友等常怀感恩之心。使幼儿们带着感恩之心健康成长，成为建设和谐社会的有用之人。

**参考文献**

[1] 谢冬兰. 浅谈幼儿园素质教育之感恩教育 [J]. 考试周刊，2017（32）：185.

[2] 丁婉琦. 大班幼儿感恩教育实践与探讨 [J]. 考试周刊，2016（93）：182.

# 第三节 工作室学员特色园所办学材料

## "培根·养正"春满园，用爱树百年
### ——浅谈根子镇中心幼儿园园本文化建设
高州市根子镇中心幼儿园 陈华

"校园是一部立体的多彩的富有吸引力的教科书。"里面的每一抹色彩，每一面墙，每一棵树，甚至每一片叶子都会说话。一个能让人长久喜欢的校园，就应该教育理想如诗，风景美丽如画，师生校园生活幸福如歌，它应体现出幼儿园经长期发展积淀下来的一种价值体系。高州市根子镇有"大唐荔乡"之称，它有着千年的荔枝历史，而且"根子"这个名字具有许多的传奇故事，它代表着根子人的"根"，代表着历史的传承与发展。我园坐落在一个充满仙气的巍巍浮山岭下，在有着美丽传说的千年贡园旁，一切都应和美好相遇。为了让孩子能立足本土，放眼世界，为了锤炼孩子的品格，引发他们的创新思维，培养他们奉献祖国的精神，我们幼儿园几年下来沉积出了一种可持续发展的带有本土气息的校园文化即："培根·养正"春满园，用爱树百年——我是一个荔乡人。

### 一、"酿土、植根"爱荔乡

肥沃的土壤更适合植物的生根发芽，幼儿园就是孩子的土壤。幼儿园美好的环境能让学习变成一件十分美好的事情，能在潜移默化中让教育春风化雨。"首因效应"告诉我们第一印象的重要性，所以校园的结构布置、氛围设置就显得格外重要。根子镇是潘茂名的故乡，是"中国荔枝第一乡"，素有"大唐荔乡""森林小镇"

之称，历史文化悠久，物产丰富，乡风淳朴。"酿土·植根"爱荔乡是我园的校园文化特色的思想基础。

我们镇的"根"就是"荔"，于是我园以"荔"为主题进行了一系列的环境布置。一进大厅就是一面写着"立、力、礼、俐、荔"几个同音字的墙，"荔"字大而显眼，居中心。这几个字先入为主，就是我们老师以后会时刻告诉我们的孩子将要成为的人——一个"立志"远大，"体力"先行，讲道有"礼"，聪明"伶俐"的"荔乡人"。

在幼儿园的东边，我们运用橱窗设置了一个"寻根"之"我爱我家"栏目，在此处介绍家乡风景，摆设我们家乡的特产，上面配上可爱的图片，让孩子们了解它们的特点。在幼儿园的北面有一面提供给孩子自由"涂鸦"的墙壁。在西面是一个水池，墙上安装着许多相通的透明的管道，一条孩子们可以灌上水，一条可以放进珠子，我们统称"荔枝的运道"；旁边还有沙池，让他们筑城堡。

我们幼儿园并没有高大上的塑像，在我们幼儿园里的每一个角落甚至孩子的洗手间只会看到我们用荔枝叶、荔枝树干、荔枝核和荔枝壳等制作出来的工艺品，这些都是孩子们在艺术创作活动中，自己创作的手工或图画中最优秀的作品，除此以外，再没有别的工艺品了。每个孩子都能在校园中找到他们自己的作品，这让孩子很有成就感，大大加深了孩子对幼儿园的热爱以及他们对幼儿园的归属感，更加深了对家乡本土文化"根"的理解。

## 二、"培根"铸"荔"魂

"立志"远大，"体力"先行，讲道有"礼"，这就是潘茂名的精神，也是我们幼儿园要植下去的"根"，是我们幼儿园践行与传播的精神。

潘茂名是我们茂名的"根"，我们幼儿园从潘茂名的故事引入，让他们认识和知道潘茂名是一个"立志"远大，"体力"先行，有道讲"礼"的人，学习他为家乡、为人民的健康幸福，潜心苦修学医，为寻百药，走千山、尝万草的奉献精神。我们并由此推动我们的书香节，让孩子在书中去寻找和发现一些像潘茂名一样的人。我们成立了小小播音站，每天会从各班挑选一些小朋友，利用餐前十五分钟让他们通过学校的广播系统，向大家汇报他们班今天一共多少个小朋友，看了几本书，分别有什么书。并且每周周五举行读书分享交流会以及"我是小小故事家比赛"等活动。

节假日，我们提倡家长和孩子上网搜查有关的资料、书籍或影片来阅读或观看，带孩子出去寻访历史名迹，然后回来分享，我们还会邀请家长助教进幼儿园给我们讲述相关的知识与故事，举行制作"荔乡"风景名片、制作"我最喜欢的一本书·一个人"明信片等亲子活动，从而让孩子深深感受到"荔"魂之所在。

**三、"养正"做"荔"人**

做"荔"人就是做一个像潘茂名一样"立志"远大，"体力"先行，讲道有"礼"，聪明"伶俐"的人。

"立志"远大，是我们要求孩子要有远大的理想，要爱祖国，要爱国歌，爱国旗。在我们幼儿园，不管是大班还是小班的孩子，每一个人都会唱国歌，知道并懂得唱国歌、升国旗时要严肃、庄重、行注目礼。每一个孩子还都会做完整的《国家》手语操，还能画出国旗。每逢国庆节，我们还有一个月的爱家爱园爱国的主题教育活动。让孩子从小心中装有祖国，长大了才能为祖国而奋斗。

"体力"先行，体现在我们幼儿园每天开展阳光体育，每天进行混龄式的全园性的岭南民间游戏。我们要求孩子大带小，每天认识一个好朋友，一起去参加活动，分享活动的乐趣。游戏的名称种类有很多，"转荔枝核""运荔枝""舞狮子""点指兵兵"等等，这些游戏保证了孩子每天的运动量。

讲道有"礼"，就是知"道"懂"礼"。道德礼仪的培养，并非一朝一夕能完成的。为此，我们幼儿园举行了一个长期的"我是好孩子"的养成计划。从孩子身边最细小的事抓起，我们每一个月每一日都有一个培养目标。我们要求家长和老师每周将孩子在道德品质或情感上表现最好的地方发到班群里分享。每周我们会从中表扬一些表现优秀的孩子。我们幼儿园每周一还会开展让孩子把自己的玩具带来和小朋友一起分享的活动，每周三还会进行一次"我爱我园"全园性的大扫除活动，每天下午进行"感恩"下午操活动，以加强孩子与孩子之间的交流和合作，培养孩子爱劳动、爱集体、爱伙伴的情感。除此之外，我们幼儿园每天开展"园长妈妈讲故事"活动，每天和孩子们分享一些有教育意义的故事。同时，我们充分发挥微信朋友圈的作用，开展育儿"每日分享"活动，通过朋友圈每天向家长分享一些科学的育儿知识，让家长更能充分发挥他们的个人能动性，让教育更加事半功倍，因为没有家长参与的教育，永远只能一条腿走路。

除了充分发挥家长的作用，我们幼儿园还十分注重对老师的培养。"师者，所以传道、授业、解惑也。"要想给孩子一杯水，老师就要有一桶水。老师的理想信念、道德情操、专业精神、仁爱之心正是孩子模仿的对象，特别是小朋友，学习知识、培养情操几乎全靠"耳濡目染"的模仿和同化。

我们为老师制定了一系列的计划，让老师既充当被培训者，又充当培训者，互相学习，互相提高。用"终身学习"的理念指导、鼓励老师多读书，促进教师养成自觉读书的习惯，并每年组织读书演讲活动。要求每位教师每学期读一本以上幼教专著，使"读书—学习—反思"成为每位教师的习惯。我们常鼓励老师要常常一起学习、吃饭、逛街，充分发挥彼此之间合作与交流的作用。我们鼓励他们多站在别人的立场上去想问题，懂得换位思考。

不过，规则的管理最终只能管住身体，要想管住心只有"领导"。这就要求园长要以身作则，引领示范，要团结教师，要心中有教师，以教师为本，尊重教师的个性，完善他们的人格，用爱去打开彼此的心扉。领导与老师之间的关系直接影响着老师和孩子之间的关系，在现形势下对老师就要以"德"为先，"立德树人"。

"少年强则国强，少年富则国富。"孩子是祖国的未来，他们的道德情操，他们的知识水平，他们的创新思维，直接关系着祖国的未来与命运。我们唯有用爱心，立足本园，放眼世界，营造一个适合孩子成才的校园文化，让他们将来能为祖国、为人民、为家乡而奋斗终生，那时才真正是"荔乡春满园，用爱育百年"。

## 创馨园　育馨儿　扬馨名
### 育高州市第一幼儿园办园特色汇报材料
### 高州市第一幼儿园　潘颖

高州市第一幼儿园创办于 1947 年，是高州市城区唯一一所公办幼儿园，也是高州市学前教育的窗口和龙头，1996 年被评为广东省一级幼儿园。

市一幼拥有一支爱岗敬业、素质过硬的师资队伍。现有教职工 91 人，其中研究生学历 2 人，本科 62 人，大专 27 人，学历达标率 100%。获得南粤优秀教师荣誉称号 3 人，每年获市级以上优秀教师、骨干教师、师德标兵、先进个人等称号的教师多达几十人次。人员配备充足，职称、学历、年龄结构合理，每班按省级标准配足三名教师。

市一幼新园环境优美、空气清新，全园占地面积 21.16 亩，建筑面积 9000 多平方米。园内教学区、生活区、活动区分区科学合理，设备设施完善，设有音体室、美工室、生活馆、创意馆、科学馆、图书馆、多功能活动室；户外活动场地宽敞，设有幼儿玩沙玩水区、大型攀爬器械区，还专门设置了塑胶地垫、种植园地、饲养角；每班都是多媒体教室，并配有电视、钢琴等教学用具及空调、消毒柜等现代化保教设备；厨房设置科学标准，安全监控系统完善。在这里，幼儿能够得到积极、主动、全面、和谐的发展。

市一幼文化底蕴深厚，值新园搬迁之际，幼儿园值"新"创"馨"，以"馨"促"新"，提出以全"馨"文化引领幼儿园的发展，提炼出具有时代意义的办园理念"创馨园、育馨儿、扬馨名"，园训"健康快乐、德艺双馨"，园风"家园共育，用心创馨园"，教风"示范引领，爱心育馨儿"，学风"友爱合作，开心扬馨名"。

总的来说，市一幼以"创馨园、育馨儿、扬馨名"引领办园。

**一、课程特色**

幼儿园以《3—6 岁儿童学习与发展指南》《幼儿园教育指导纲要（试行）》为依据，教学内容涉及健康、语言、科学、艺术、社会五大领域，从幼儿身心特点出发，开展特色教学：区域教学、集体教学、户外体能大循环、德育故事分享、"二十四节气"传统文化、快乐篮球、奥尔夫音乐、亲子活动等。让幼儿在玩中学，乐中学，学有所得。市一幼每年组织幼儿参加国家级、省级、市级各类美术比赛、才艺大赛等都获得奖励。

**二、科研兴园**

我园坚持以素质教育观念和现代教育理念为指导，以"优质创新"为目标，以"教育科研"为手段，从促进教师转变教育观念入手，在创新教学模式、提高教学质量等方面，取得了明显的效果。多名教师都承担了市级课题研究工作，并多次撰写论文在国家级、省级、市级报纸杂志上发表。教师在教育实践中，不断进行科学研究，特别是对教学改革的探索，使教师深刻感悟、逐步提高。通过转变教职工的教育观念，本园已形成了具有特色的"馨文化"教育。

**三、科学管理**

制度约人："无规矩不成方圆"，我园建立健全了各项规章制度，做到事事有章法，人人有约束。

机制促人：在现行的教育体制下，不创新管理机制就无法更好地促进教师发展。为此，我园出台一系列人才改革方案，大胆进行人事制度改革，借"县管校聘"的改革东风，实行了"优化组合、优胜劣汰"的选人用人机制，逐步形成了"人人争事做、事事有人争"的良好氛围，为学校管理找到了根本的出路。

感情留人：学校管理，说到底就是对人的管理。我园坚持"以人为本"的原则，使严格的管理中体现科学和人情。如，成立教代会、家长委员会等，实行园务公开；定期召开民主生活会，坚持开展民主评议园领导的活动，做到人人有人管，好坏大家评。

### 四、专业发展

我园通过开展各种活动，促进教师与时俱进，不断提高自身的综合素质。园领导坚持带领教师学习、讨论《幼儿园工作规程》《幼儿园教育指导纲要（试行）》；鼓励教师参加提高文凭的学习，使我园教师学历百分百达标；组织教职工先后参加省培、市培等学习；聘请知名专家来园进行讲座；经常性地开展教师之间的听课、评课和集体备课活动；开展形式多样的业务比赛活动，如教学技能比赛（琴、简笔画、板书、试讲、讲故事、演讲等）；同其他幼儿园结成姐妹园，一起讨论教学上的问题。

一次次沟通和指导拓宽了教师们工作的思路，一个个教学骨干脱颖而出，推动了教师向知识型、研究型的方向转变。

### 五、保教并重

我园配备专职保健医生，为幼儿建立个人档案，建立了多种表格和各种疾病防疫卡片，定期为幼儿体检；认真执行幼儿园常规，严把卫生消毒关，为幼儿创设整洁、舒适的环境；按营养摄取量，为幼儿制定科学、合理、丰富多样的食谱。安全工作常抓不懈，成立了安全工作领导小组，和教职工签订了安全工作责任状，开展常规性安全教育活动。卫生工作洁净度高，多次受到市、县领导的高度赞扬，顺利通过创文创卫工作的明察暗访。我园一贯重视幼儿的德育教育和非智力因素的培养，坚持周一升国旗和国旗下故事分享等制度。

### 六、家园共育

让素质教育走向家庭，这是时代的呼唤，使家庭教育从经验育人向科学育人转变。我园作为茂名市优秀家长学校，通过定期召开家教研究会议、召开家长座谈会、举办幼儿园开放日、请家长参与并观摩幼儿在园活动、开展科学育儿知识讲座等活动实施家园共育，促进孩子全面发展。

在一代代市一幼人孜孜不倦地辛勤耕耘下，我园教学科研工作取得丰硕成果。省级、市级、县级多个课题顺利结题并获专家一致好评，教师撰写的多篇论文先后获得省级、市级奖项。市一幼先后荣获"全国幼儿教育百优幼儿园""广东省学前协会教育实验基地""茂名市优秀家长学校""爱国启蒙教育全国示范幼儿园"等30多种荣誉称号。

今天，市一幼正以饱满的热情、崭新的面貌、科学的态度和求实的精神，创馨园、育馨儿、扬馨名，向着更高的目标迈进！

## 信宜市教育城幼儿园阳光体育特色汇报材料

信宜市教育城幼儿园　张萍

### 一、信宜市教育城幼儿园基本情况

信宜市教育城是信宜市委市政府"科教兴市"的重点工程，创建于2002年5月，2003年秋季投入使用，占地1500亩，里面

有高中、初中、小学和我们信宜市教育城幼儿园。幼儿园总占地面积 70 多亩，建筑面积 16000 多平方米，幼儿园户外活动场地17000 多平方米，现有 40 个教学班。

阳光文化是我园的特色文化，是我园的精神，我们系统构建了阳光环境、阳光管理、阳光团队、阳光幼儿、阳光课程、阳光家长、阳光舞台等办学模式。阳光体育是我们的特色亮点。

**二、幼儿园特色亮点"阳光体育"**

在管理的过程中，我们是如何运用阳光文化引领来打造阳光体育特色户外活动的呢？

**（一）阳光体育的主要依据**

1. 以习近平总书记为首的中央政治局常委于 2016 年 8 月 26日亲自通过了"健康中国 2030 规划"的国策。打造健康中国，让中国人健康起来，健壮起来，才有幸福可言。少年强则中国强！我们抓阳光体育，培养孩子从小爱运动的习惯，通过丰富的体育活动、体育锻炼，让孩子拥有良好的身体素质基础是在为他们以后的幸福人生奠基，是与国家的健康理念、与习近平总书记的治国理念一致的、同方向的。

2. 落实《幼儿园教育指导纲要（试行）》和《3—6 岁儿童

学习与发展指南》精神。《纲要》指出：幼儿园必须把保护幼儿的生命和促进幼儿的健康放在工作的首位。《指南》指出：幼儿阶段是儿童身体发育和机能发展极为迅速的时期，也是形成安全感和乐观态度的重要阶段。

3. 五大领域中，健康排在第一位。

4. 幼儿园户外场地大的优势。

5. 培养目标：阳光幼儿、完整儿童。

（二）结合实际、梳理整改

有了这些依据作为支撑，我们结合实际，重在从阳光体育户外活动方面进行思考。首先对幼儿园的户外活动进行一个全面的了解，看老师怎样组织活动，了解活动的材料有哪些，投放能否满足孩子活动的需求；其次开座谈会了解老师在组织活动的过程中遇到哪些困难，听听她们的心声、困难，征求老师的意见；最后找保健医生要各班幼儿出勤、身高体重达标情况等。

经过观察、调查、了解后总结在户外活动中存在的问题，比较集中的就是：首先，时间不合理，难组织；其次，器械少，人数多，幼儿等待的时间多过玩的时间，兴趣不高；再次，重复性强，持续性弱，都是幼儿园统一安排她们每周玩什么项目、到哪里玩，玩来玩去都是那几个，孩子没有自主选择的权利，都不想玩；再者，活动缺乏科学性、系统性；最后，孩子兴趣不高，持续性弱，跑来跑去的，难组织，存在较大的安全隐患。

了解到情况后，我们马上组织骨干老师、级长、班主任等人员进行户外活动专题研究，为梳理出来的问题寻找对策，做出下一步改进的计划。

1. 合理规划。（1）调整时间安排，下午户外活动改到4：00—4：30，确保在家长来之前活动不受影响。（2）邀请专家进园指导，科学、系统、有效地开展活动。(3) 有计划地增加活动器械、活动项目，减少活动中不必要的等待。(4) 改变组织形式，由统一安排到班改为分区域幼儿自主选择活动项目。因为材料增加了，组织形式改变了，活动项目丰富了，幼儿变得自主了，安全问题随之而来。那怎样让活动在安全的情况下有效实施呢？

2. 安全而有效地开展活动。(1) 让孩子"学会玩"。在活动前，我们各班的老师先在班上抽时间运用图片、视频等方式对幼儿介绍活动的项目、活动的器械、活动的玩法等，之后启发、引导幼儿主动地探索器材的新玩法，这样更能激发孩子玩的欲望。(2) 让孩子"爱上玩"。特别是小中班的孩子，喜欢模仿生活进行游戏，而对体育活动机械重复的动作、技能的练习不感兴趣。因此在开展户外活动时应有计划、有目的地发展幼儿运动能力，将活动寓于情景游戏之中，赋予运动器材趣味性，将单调的运动技能练习和生活化、游戏性的故事情节联系起来，让幼儿积极主动地参与到活动中去，变得"爱上玩"。(3) 让孩子"创新玩"。每种运动的器材都有自身的功能和特点，适合某一项体育活动。当孩子熟悉了各种运动器材的功能、特点并掌握了相应的使用技能后，他们在活动中再次面对一样的器材时可能会觉得枯燥乏味甚至失去活动的兴趣。这时，教师需要引导幼儿不断地探索新玩法，创造性地一物多玩，物物结合，让活动的内容丰富了，难度增加了，同时在玩的过程中，共同制定活动的规则，使幼儿参与活动的积极性和创造性又被调动了起来，幼儿运动的兴趣和强度也保持了，旧器材也一样玩得乐陶陶，从而丰富了运动的教育价值。我们认为创新玩法是保证户外活动持续有效开展的关键。(4) 教师每天对幼儿进行一小结。总结哪些小朋友来得早且积极主动地参与到晨运活动中去锻炼身体；哪些小朋友在活动中勇于挑战难度大的项目；哪些小朋友一起合作，创新了游戏的玩法等等。通过总结，通过树立榜样，将部分幼儿在活动中的好习惯、好做法让其他幼儿学习，并巧妙提出需要改进的行为，让活动开展起来更顺畅。

（三）阳光体育的目标

在开展阳光体育活动的过程中，我们首先制定了"阳光体育"的活动目标：

1. 对体育运动有兴趣，在活动中感受、体验运动的快乐。

2. 积极参加各类体育活动，有自己的爱好，并逐渐养成爱运动的习惯。

3. 掌握运动技能技巧，成为健康、自信、勇敢、大胆、顽强的阳光幼儿。

（四）阳光体育的具体做法

在阳光体育活动的实施过程中，我们园保证幼儿每天户外锻炼两小时。每个学期都会在改善园所环境、补充活动器械、开展活动等方面投入一定的资金，确保活动开展得更充分、更顺利。

我们园重点开展了"健康1+1"活动：主要特色活动+主题特色活动（爱耳日、睡眠日、护肤日、食品安全周等主题活动）。其中主要做法如下：

1. 合理规划，有效培训

邀请广州市师资培训中心专家辛小勇老师到本园对运动场地进行合理规划，并对教师们进行"如何开展阳光体育"的培训。

2. 充分利用自然环境，精心打造阳光体育特色课程

（1）开展十二项专项体能训练。根据三维体能：力量和耐力、灵敏性和协调性、平衡能力，把园内操场、斜坡、草地有规划地、科学地设置为攀登区、悬垂区、支撑区、投掷区、钻爬区、跑跳区、玩车区、建构区、侧滚翻等十二个不同的户外游戏区，在各个区域分别开展关键体能活动，每天下午开展自主游戏

活动。

（2）创设快乐晨间操。"美丽的一天从早操开始！"早操是幼儿一日活动的重要环节，是幼儿户外活动的重要部分。我们主要从两个方面推进整个早操活动的编排和实施：

①从音乐的选择、动作的编排、游戏材料的制作到活动中材料的收放，我们始终坚持幼儿自主的原则，让孩子从活动中感受到快乐。如：幼儿自主取放材料、自主选择游戏、自主选择同伴、自主创新游戏玩法、自主解决游戏中遇到的困难和问题等，而老师则默默成为早操活动的引导者、支持者、合作者，让幼儿成为早操活动的主导者，成为真正意义上的主人。

②根据幼儿身心发展特点，各级使用不同的器械创编科学、规范、有童趣、有特色的晨间操，如花环操、凳子操、筷子操、扇子操、绳子操等。我们一物多用，一物多练，运用形象化、生活化、趣味化的方式让孩子进行跑、跳、爬、平衡等技能的练习，以及队形队列的变化练习、操节活动、互动游戏等，让孩子主动地、充分地动起来，这样让孩子更喜欢早操活动，更好地发展体能，提高身体素质。

花环操 哈哈哈，套着花环真好玩！ 筷子操 大家一起动起来！

（3）开展丰富多样的阳光体育第二课堂活动。以激发幼儿的兴趣为出发点，我园开设了多姿多彩的特色体育第二课堂活动，全园幼儿可以根据自己的兴趣爱好参加第二课堂活动。有花样篮球、足球、轮滑、闪跳球、跆拳道、滑板、跳绳、万能棒等。每个学期开展一次大型的第二课堂展示活动。

（4）举行不同主题的亲子运动会。2020年元旦主题是"拥抱阳光，快乐奔跑"亲子马拉松，2019年的主题是"我是小小兵"，2018年的主题是"亲子同乐·阳光体育"，每年的运动会主题突出，内容有趣，小朋友喜欢、参与积极性高，家长、社会反响非常好。

　　（5）开展一班一特色体育活动。每班根据不同年龄段发展的目标，根据孩子的兴趣，根据老师的特长，选定一种体育器械或多物创意组合，自由探究器械的多种玩法，形成一班一特色的体育活动。

（6）传承民间游戏，创新户外体育活动。民间游戏大多是运动性游戏，可以让幼儿走、跑、跳等。这几年来我们收集并按年龄段分类整理好民间游戏发到各年级，使老师可以带着孩子在晨间、餐前的时间组织孩子玩。还可以通过改编民间游戏的形式，创新游戏。例如：①运用多种方法对民间游戏进行改编和创新。从幼儿的角度出发，把"扔纸球""跳格子""跑马城"三个游戏组合在一起，并由幼儿和教师共同制定新的游戏规则。或者在保证游戏完整性的基础上，对游戏进行拓展，如加上"木头人"、铁环等。这些方法的运用，使民间游戏的内容更为丰富和灵活，更受孩子们的喜欢。②从游戏的活动方法、材料投放、参与人员数量三方面对游戏进行改变和创新。在游戏的原有形式上，把一些不同类型的活动资源巧妙联系在一起，如把《小老鼠上灯台》这首童谣改编成体育游戏活动。在游戏的人员参与形式上，采取不同年级交叉的形式，如开展"老鹰抓小鸡"时，小班的幼儿扮演小鸡，让幼儿去请中班、大班的孩子分别扮演鸡妈妈和老鹰。在游戏材料的投放上，我们充分尊重孩子的选择，让孩子能积极开动脑筋，在游戏中发现和制造出新的玩具，制定出新的游戏规则。

老鹰捉小鸡　　钻山洞

（7）开展"大手拉小手"户外混龄活动。它主要的特点有：

①跨年龄段。

②体现自主。自主选择玩伴、自主选择区域、自主选择游戏项目，在自主的氛围下，孩子学会了合作、谦让、自我保护、互相照顾、互相合作，增强了孩子的责任心、规则意识，培养了孩子大胆、勇敢、团结的好品质。

③内容丰富。有体育游戏类、生活体验游戏类、角色表演游戏类等内容，如小舞台大空间，孩子有表演独唱的、小组乐器演奏的、时装表演的、情景剧表演的等等；还有益智类，如孩子可以在游泳池边的创意墙上自由地发挥想象，和好朋友一起合作完成一幅水贴画，可以在那无拘无束地自由涂鸦，还可以在墙下动手进行乐高积木的拼搭。这些活动给了孩子最好的锻炼平台，见证了孩子点点滴滴的成长。

④开放创新。我们所提供的环境是宽松愉快、开放式的，材料种类丰富，在游戏的过程中幼儿可以根据游戏的内容、材料的种类来不断变换游戏的规则，创新游戏的玩法，或加大、或减少游戏的强度。大、小幼儿之间既相互合作、相互比较，又相互学习、相互促进，这样孩子的体能、创新思维能力及综合能力都能得到大大提高。

（8）开展节日健康主题活动。我们幼儿园始终把健康教育作为工作中的重点，依托我们的资源，以《3—6岁儿童学习与发展指南》为依据，结合幼儿的发展水平开展一系列多样化的节日健康主题活动。如：2019年共进行了3月"全国爱耳日""国际睡眠日"、4月"世界卫生日"、11月食品安全周等11个健康主题活动。这些活动的开展，增长了孩子们的健康常识，更好地促进了孩子们良好习惯的形成。

（五）阳光体育成效

1. 我园的《特色学校实施方案》在 2018 年广东省幼儿园特色建设方案评选中获得三等奖。全茂名市获此奖项的有两个学校，我们幼儿园是其中一个。

2. 张萍主持的"开展多元化体育活动，提升幼儿综合素养的研究"获茂名市立项；张韵、陈小娟、曾小燕、雷美微主持的课题获信宜市立项，有些已经结题；杨梅红等 30 多位老师的论文课例获省级、市级一二等奖。

3. 全体幼儿参加体育运动的兴趣更高了，动作技能、体能也明显提高，体质明显增强了。出勤率达 98%；身高、体重达标率逐年递增，2019 年春达到 99.1%，2019 年秋季达到 99.3%，2020 年春达到 99.5%；2018 年全园体弱儿 70 人，到本学期只有一个没有增重的，其他的身高体重已达标。

4. 以中班、大班为主的阳光体育第二课堂特色活动，使一大批幼儿有了自己喜欢的专项体育活动，如轮滑、篮球、跳绳等，其专项技能得到了强化，个性得到了发展，自信心、表现力得到了增强。

5. 幼儿参加多项体育技能大赛获奖：

（1）在 2018 年广东省轮滑比赛茂名站中，刘云等三名小朋友获得 100 米、200 米计时赛第一、二、三名；林子琳小朋友获得 400 米计时赛第一名；李雨泽等多名小朋友获得表现突出奖。

（2）2019年参加茂名"希望杯"，在22支参赛队伍中，我园二队荣获季军，一队获第四名；2020年参加"长隆·华蒙星"第五届幼儿篮球嘉年华广东茂名站，我园在实战赛（U6）中获冠军，技巧赛中获亚军。

（3）2020 年由广东省体育局、广东省教育厅联合主办的广东省"粤运动、越健康"线上亲子体育活动中，曾建颖小朋友荣获三等奖。小六班赖韵婷小朋友的运动竞赛项目"吞入黑洞"和晶晶小朋友的竞赛项目"弯道竞赛"在茂名嘉年华精彩展播宣传片中播放。

6. 我园起到了示范引领，辐射带动的作用。一花独放不是春，百花齐放春满园。在市骨干教师、园长培训、乡镇园长交流活动、送教下乡活动、一日观摩活动、区域观摩活动、吴木琴名园长工作室入园诊断活动、茂名市园长交流活动、茂名市人大代表团调研活动、珠海容闳国际幼儿园交流活动等活动中，我们幼儿园多次展示了阳光体育活动，并带领老师们多次到帮扶的乡镇幼儿园去进行专题讲座，充分起到了示范引领作用，并辐射到其他幼儿园，使更多的孩子受益。我们的阳光体育活动得到茂名市人大代表团等领导及同行的高度评价，并多次在电视台报道。

　　我园创办以来，在上级领导和家长的大力支持下取得显著成绩，先后被授予了广东省巾帼文明岗、广东省微量元素营养达标单位、茂名市语言文字规范化示范学校、茂名市优秀家长学校、茂名市安全文明校园、茂名市巾帼文明岗、茂名市 100 家食品安全示范学校食堂、茂名市平安校园、茂名市三八红旗集体、信宜市森林校园等 50 多项荣誉。

## 信宜市幼儿园办园特色

信宜市幼儿园　　陈红戈

### 一、早期阅读特色

　　2002 年 9 月以来，我们以教育部"科学教育"子课题研究成果《帮我早读书》为语言教材，并以它为载体开展了很多关于语言领域的探索研究，在教学过程中注重"看、听、说、读、玩"五要素："看"，教师引导幼儿学会观察图片、标记，理解课文内容；"听"，让幼儿多听录音、听老师讲解，赏析课文内容；"说"，幼儿将看到的、听到的、感受到的表达出来；"读"，手口一致，点读课文；"玩"，根据教师提供的形象的图片、学具及有趣的教学情景进行操作。具体说就是形成了"四结合"的课堂教学特色。

　　（一）"四结合"课堂教学特色

　　1. 视听结合

在《帮我早读书》的教学中，经常采用视听欣赏训练方法，每天都让幼儿伴随着美妙的音乐旋律，听着标准的普通话朗读，手指字，反复听赏，轻声跟读，大量吸收文字的信息，激发幼儿的参与意识，为进一步地识字阅读做丰厚的铺垫。

2. 说演结合

在活动中我们经常让幼儿把阅读过的故事讲述、表演出来，随着故事情节的发展，幼儿学习使用不同的语气去表现角色语言，发展幼儿语言表达能力。

### 3. 读画结合

用图画来再现阅读内容是帮助幼儿阅读的重要方法。我们经常让幼儿在阅读后，用画画的形式表达出来。这样，有利于幼儿形成对图文互译的认识，也有助于幼儿想象、记忆能力的提高和培养。

### 4. 玩说结合

根据教材内容，制作相应的操作材料，开展有趣的活动。如：拔萝卜、钓鱼（认字）；找朋友、坐火车（字与画配对）；字宝宝回家（找诗歌故事中漏掉的字）等。让幼儿自由玩弄，边玩边说，提高对识字、读诗歌、看故事的能力和兴趣。

### （二）特色成效

### 1. 开展早期阅读的课题研究，形成可见的理论成果

在全园这种语言领域教育探索实践的浓厚氛围下，2011年9

月，我申报了"幼儿早期阅读教育的有效途径和方法研究"茂名市级课题项目研究，将我们多年来对语言领域的教育研究进行科学性的探讨，将培养幼儿的阅读兴趣和习惯的一系列经验形成系统性的数据及书面理论，并根据幼儿实际情况、年龄特点和幼儿兴趣创造性地制作辅助的阅读材料，最终基于这个课题研究促使我园形成具有本园特色的语言教育——早期阅读特色教育。

在 2016 年 9 月，甘倩伟老师为了更好地探索幼儿语言表达能力的培养方法，申报了"幼儿语言表达能力培养的研究"茂名市级课题项目研究。2018 年 9 月，潘思攸老师申报了"培养幼儿口语交际能力的策略研究"信宜市级重点课题研究，侧重研究幼儿的口语交际能力。

这些课题研究促使我园早期阅读教育获得非常出色的成绩，由我主持的"幼儿早期阅读教育的有效途径和方法研究"课题研究荣获 2016 年广东省中小学教育创新成果奖三等奖；甘倩伟老师主持的"幼儿语言表达能力培养的研究"课题研究荣获 2019 年广东省中小学教育创新成果奖三等奖。

### 2. 早期阅读教育的实践成效

早期阅读特色教育获得信宜市家长与社会的一致好评，还有许多优秀的孩子在早期阅读教育的熏陶下获益良多，自2002年开始开展的早期阅读教育教学活动，为幼儿园特色建设提供了有力的实践依据。在此18年间有许多幼儿从我园毕业，长大成人。其中，我园教研人员会定时对毕业的孩子成长历程进行追踪，结果发现，长久坚持我园推广的阅读习惯的幼儿在成长之后所展示出来的学习习惯、思维方式、交际能力都是很优秀的。而我园首批接受早期阅读教育熏陶、培养并一直坚持科学的阅读方法的孩子，都读上了非常好的大学。例如：陆则朴（清华大学）、李子誉（中山大学）、叶一舟（中山大学）、邱锐军（中山大学）、张诗莹（浙江大学）、邓煜烨（华南农业大学）、陆虹澄（华南师范大学）、黄麟博（华南师范大学）。

除以上列举的毕业孩子，还有许多优秀的孩子在早期阅读的教育熏陶下获益良多，他们的父母也是非常认可我园早期阅读特色教育的。其中陆则朴的家长在接受信宜市电视台采访的过程中特别表明，感谢孩子在幼儿园时期通过早期阅读特色教育形成良好的阅读习惯，才让孩子能够在努力后得到如今可喜可贺的成绩。

这项对我园毕业幼儿的追踪调研工作，也为我园早期阅读特色教育的优秀教育方式提供了真实可感的数据支撑，我园也形成了以早期阅读为主的园本特色教育。

## 二、美术特色

2019 年，我主持的课题"幼儿美术教育创新性实践研究"被批准为广东省教育科研"十三五"规划 2019 年度教育科研一般项目，该课题 2019 年 5 月立项，计划 2021 年 6 月申请结题。通过这个课题研究实践活动，我园确定了下一个园本教育特色发展方向为美术教育特色。现阶段是在研究过程中，目前取得了一些阶段性的成果。

（一）创设多元化的美术环境氛围

1. 在班级内外营造自然的美术环境

为了充分营造美术氛围，我们班级在物品设备摆放、空间布置、墙面装饰和区角的美化上都精心设计，使其体现出美的原则和规律。例如在教室创意美工区摆上各种各样的材料和工具，让孩子们可以自由选择材料进行美术创作活动，用不同的材料进行绘画、加工、粘贴、造型等，发展幼儿的想象力、思维能力、动手能力等，同时利用这种美术环境对孩子们进行美术创作的熏陶。

又如在教室后墙壁专门留一个版块，各班根据不同的主题和材料，教师和孩子们把作品展示在上面，既装饰了墙面，又加深了孩子们对美术多元化的感受。

2. 开设充满艺术感的美术室

本园设立了专门让孩子在里面创作的、充满了艺术氛围的美术室。美术专科教师会根据孩子们的特点和课题研究内容的需要布置美术室的环境、更新美术室的材料，以及根据孩子们的年龄，选择适合他们的美术创作方式，引领孩子们进行美术创作。丰富、专业的材料，充满艺术感的美术氛围，支持着孩子们的自主创造，从而让孩子们体验到不同的美术表达形式。孩子们在艺术氛围的熏陶中，在与材料的互动中，感受各种艺术创造带来的乐趣，碰撞出无限创作的火花。

3. 在校园内创设浓厚的美术氛围

幼儿园在走廊、墙壁、楼梯道等公共环境创设了丰富的多元化美术元素。各班的走廊、天花板上，由教师和孩子们充分发挥想象，分别构思一个特色主题，并充分运用大自然材料、废旧材料、本土特色材料、美术材料等，设计装饰成一个个充满艺术氛围的美术殿堂。

（二）利用不同的工具或材料，创设新型美术课

　　我们在进行美术教学活动时，已经不再是提供单一的、枯燥的材料让孩子照画葫芦的了。我们经常都是提供多种材料，任由孩子根据各自的创作灵感自由选择进行创作。

（三）利用不同的教学方法或教学手段进行美术活动

1. 开放式的教学

例如：给孩子们一堆大大小小的图形，让他们自由发挥，组合成画；给孩子一堆旧报纸，让他们发挥想象创作时装等。美术没有对与错，其目的是释放幼儿的一种情怀，让幼儿在一个更轻松的氛围中画出自己想表达的事物。

手工：奇妙的圆

手工：魔力图形宝宝

## 2. 轮流添画或者联合创作

在教幼儿画一些较为大幅或者复杂的作品时，老师们采取让孩子轮流添画或共同合作的形式，即把孩子们分成几组同时进行。孩子们对这种方式非常期待和感兴趣，对于他们来说就像在玩接龙游戏一样。或者，老师们准备一个长卷，让孩子联合创作。这些形式都能激发起幼儿创作的激情，进而让幼儿积极地参与到作品的创作之中。

### 3. 引用故事，巧设美术活动

例如：老师创编一个"动物化妆舞会"的故事情境，让孩子们在自己的手上画上自己喜欢的动物头像。这样的美术活动充满了趣味，孩子们非常感兴趣，非常喜欢参与。

大班：动物化妆舞会

小班：给小熊送礼物

（四）利用本土资源，设计本土特色美术活动

信宜本土资源非常丰富，竹篾编织、飘色、六双花灯等是我们的本土特色文化，还有很多岭南佳果、丰富的旅游资源和很多特色小吃等。教师可以利用本土资源，激发幼儿想象空间，在诱发幼儿想象力、提高审美和创造能力的同时，使幼儿的心灵在美妙的美术活动中得到和谐发展，让幼儿创作出来的美术作品更具本土特色。

2020 年 12 月 17 日，我们邀请信宜市明志工艺有限公司的竹器编织手艺人到我园带领师生学习编织竹器。让幼儿认识到：信宜竹编是特色传统手工艺品，以竹器为主的编织业已具有悠久的历史，并且，信宜竹编还被列入广东省第五批非物质文化遗产代表性项目名录。

竹器编织手艺人关师傅先向师生展示编织竹器，大班的各班老师和一些幼儿代表集中学习后，再回到班上和全班幼儿一些学习，合作编织。

　　12月8日，我们邀请了信宜市花灯文化协会的师傅们走进幼儿园，开展了一场别开生面的"六双花灯非遗教学与扎作"活动。信宜市花灯协会会长甘仙文先生为我们解说了花灯的历史由来。六双花灯的传承人甘植明师傅还带着老师和小朋友们做了花灯。

（五）五大领域与美术创新融合

《幼儿园教育指导纲要（试行）》中指出："幼儿园教育活动的组织应充分考虑幼儿的学习特点和认识规律，各个领域的内容要有机联系，相互渗透，注重综合性。"幼儿园美术教学活动和各学科有着千丝万缕的联系。

1. 音乐与美术

《喜洋洋》音乐美术捏土活动

2. 语言与美术

语言美术活动《蜜蜂愉快的一天》

（六）家园互动，构建创新亲子美术活动

1. 亲子剪窗花

2. 绘制青花瓷

通过美术教育活动的创新实践，家长的教育观念和对孩子的指导策略得到进一步提高，参与意识不断增强，家园共育取得了很好的效果。很多家长都懂得了引导孩子通过观察、体会去发现

美、创造美；懂得了尊重幼儿；知道了美术不仅仅是去用笔画画，它还应该有更加多元化的体现。后续国画室、陶艺室的创设，将为下一步美术教育创新性实践研究提供更丰富的空间与材料。

对幼儿美术教育的创新性实践研究，我们还在继续摸索中，希望能形成一套创新的幼儿美术教育方法，使幼儿美术活动的内容、形式、教育手段、运用材料等多元化，也希望最后得出的成果能为其他幼儿园的美术教育提供一些有用的参考，同时为我园后续打造美术教育特色提供有力的理论支撑。目前的研究摸索过程中，我们还有很多工作做得不够好，接下来我们会继续努力。

# 第四节　工作室学员三年工作室学习总结

《道德经》里说："一生二，二生三，三生万物。"三确实可以创生万物，就像工作室短短三年，虽去来迅疾，但从大家的收获中却看到了工作室创生了不一样的大家！

## 遇见优秀的人，让自己更优秀

### 高州市根子镇中心幼儿园　陈华

短暂又充实无比的三年，我和所有的成员紧密团结在吴木琴园长的周围，积极参与园长工作室的一次次活动。我们相互交流，相互勉励，共同进步。虽然很忙碌，但更多的是体会到了自己成长的欣喜、收获的快乐。下面将其简单总结为以下几个方面：

**一、理论学习，深化认识**

三年来，我积极地跟着吴木琴园长学习理论知识，努力做一位业务优良、有治理才能的、有思想的好园长。吴园长从幼儿园治理、幼儿园教导、幼儿园成长等方面给予了我们指导，让我们在幼儿园治理方面有了清晰的认识。此后，我在首届高州市幼儿园园长德育能力大赛中获得特等奖，还在首届茂名市幼儿园园长德育能力大赛中获得二等奖及"德育故事叙述""德育活动主题设计""案例分析""书面测试"四个单项的二等奖。

## 二、积极培训、跟岗，开阔了视野

我积极参加工作室开展的跟岗及各种交流研讨活动，学习他们先进的办学思路、治理措施，同时查不足，找差距，以提升自身的灵性、理性、悟性，构建先进的办学思想，并运用到实际的管理当中。我根据本土资源特色及幼儿园实际制定了"培根·养正"的教育理念，大力开展"养成计划"，分别制定了"我是好宝宝""运动小达人""诗词小达人"等养成计划。同时，继承传统文化，利用重大节日，每学年开展"书香节""艺术节""体育节""科技节"等主题的亲子活动，每天开展"混龄晨练""天气播报""菜谱播报"等活动。我亲自每天开展与家长交流的育儿"每日分享"及"园长妈妈讲故事"等活动。三年内，幼儿园的各种活动被《茂名日报》《茂名晚报》等报道达三十多次。

广东省吴木琴名园长工作室为我的专业发展提供了很好的学习机会，也为我搭建了展示自我、体现自身价值的舞台。通过学习，我深深体会到"学然后知不足"；通过反思，我知道了要想成为一名优秀的管理者还有许多路要走。"路曼曼其修远兮，吾将上下而求索"，感谢广东省吴木琴名园长工作室，让我在这个优秀的团队中加倍清楚地认识到了自身的差距和不足，让我更认真学习，积极反思，尽力探索，完善自身……

# 吴木琴名园长工作室成员个人总结

高州市第一幼儿园　潘颖

时间飞逝，加入吴木琴名园长工作室已经有三年了。回顾在工作室的学习和活动，让我感受到了名师底蕴深厚、热心教育的魅力，感受到了工作室伙伴们孜孜以求、勤于实践、勇于探究的精神，感受到了这个集体给我带来的欢乐与收获。在工作室的日子，我收获了很多，现在就工作室学习总结如下：

## 一、与名园长交流，开拓了我的视野

我在名园长工作室学习了很多先进的管理理念和管理经验，认识了一帮园长朋友，增加了我园对外交流的渠道。在与吴木琴园长接触的过程中，我看到她非常无私地帮助工作室的每一位成员，激励大家共同成长。我因为是从初中调任到幼儿园的，有很多地方不懂，所以我发挥爱问好学的精神，努力学习幼教方面的知识。我们在吴木琴园长的带领下，严格按照工作室制订的计划开展活动，每个成员都积极参加，并把在工作室学习、交流中获得的好经验、好做法带回本园，指导幼儿园各项工作的开展。

## 二、树立了终身学习观念，提升了专业素养和教育教学能力

我们的工作室是一个团结合作、乐于学习的团队。三年来，我一直坚持主动阅读教育专著以及教学刊物，并反思、感悟，现在写心得已成为我的习惯。各位园长虽然工作繁忙，但是工作室的活动大家都积极参加。我们喜欢来工作室，因为这里有值得我们学习的对象。工作室学员各有特色，每一次活动、每一次探讨，各位园长都能各抒己见，使讨论过程异常激烈和深入。在活动中，我总能感受到伙伴们闪耀智慧的思维火花，而分享学习成果让我视野开阔，思想升华。

### 三、工作室的活动特别丰富精彩

吴园长为我们申请到了很多学习机会。在参加园长任职资格培训中，我学到了很多实用的方法，回来后就落实到幼儿园的管理中。我非常感谢吴园长以及工作室的负责老师，给了我们这么多的学习机会。每一次我都是怀着期待来，带着收获归，体验这满满的学习之旅。

回首在工作室走过的道路，我深感充实与快乐。在今后的工作中，我将继续扎实地学习，认真地反思、践行。

逝者如斯夫！不舍昼夜。学而不厌，好学不已。愿任务型的学习时光逐渐转变为一种最高级的享受，激励我们化蛹成蝶。

## 以身作则强思想，率先垂范重行为

信宜市幼儿园　陈红戈

随着时间的流逝，我加入吴木琴名园长工作室已经三年了，这三年对我提高教育质量和开阔视野有很大帮助。名师工作室平台不仅为我的个人发展提供了机会，同时也使我认识到自身的不足。现将三年的工作做总结：

### 一、理论水平的提升

吴木琴名园长工作室为我的教育创新提供了机会和平台。在吴木琴名园长工作室的指导下，我增强了前进的动力，并进一步激发了自己的潜力。过去的我疏于总结，但现在我变得勤于发现、学习和改变。同时，作为一名园长，我知道自己肩上的负担很重，我必须在职业道德操守、教学精益求精方面树立榜样，不断学习。因此，我积极利用业余时间阅读和学习先进的教学管理经验和教育理念，不断充实自己。

我认真参加政治学习，热爱人民，热爱社会主义祖国，忠诚于党的教育事业，坚持保育和教育并重的原则，忠于职守，严于律己，牢固树立专业思想，不断学习专业理论知识和提高技能水平，同时认真学习上级下达的文件，关心国内外大事，注重政治理论的学习。

我以《幼儿园教育指导纲要（试行）》的精神和《幼儿园工作规程》为指导，坚持学习，通过掌握专业的学前知识，为自己奠定教育基础。在工作室的积极影响下，我阅读了大量有关学校管理、学校教育和学校发展的理论书籍，包括《幼儿园园长领导艺术》《幼儿园精粹管理》《幼儿园园长专业标准》和《幼儿园安全管理实用手册》，了解了开放、先进、科学的管理模式是幼儿园成功的基本模式。在工作室的指导下，我还从各个角度进行总结、反思、探索和改进，以更好地理解幼儿园管理的策略和方法，提高个人素质。我结合工作实践，对党的"科学发展观""建设和谐社会，促进和谐发展"等理论有了一定的理解和认识，并深受启发，能自觉地应用到平时的管理工作中。

**二、专业知识水平的提升**

自从加入工作室以后，我也努力提高自身专业水平，参与工作室举行的各种培训和学习活动。在去杭州和广州的培训和学习活动中，我了解了其他区域幼儿园的教育想法和管理技能。在去年参加的理论与实践相结合的专题讲座中，通过观察每个班级的主题墙装饰和活动空间的创建，进行了《教育环境的有效创设》的学习，我清楚地了解了如何高效地引领教师们创建园区走廊、墙面装饰环境和活动区环境，进行局部墙面装饰和主题墙装饰。通过"幼儿园教师队伍建设有效方式的探索"活动的经验交流，让我看到幼儿园是怎样通过"走出去""请进来""以园本教研""以老带新"等各种方式为教师搭建平台，促教师专业成长的。

在 2018—2020 年期间我与王晓圣园长结成互助帮扶对子，指导王园长树立正确的办学思想和理念，完善各项管理制度，规范办学行为和日常工作管理，使其教育教学质量和办学水平得到很大的提高。

在这一年之中，我带领着本园教师积极做好班级管理，以"爱心、耐心、细心"从一而终地去关心每一位幼儿，坚持着"和乐文化"的办学理念，任劳任怨，刻苦钻研，与时俱进，开拓创新，各项教研工作均取得一定成绩。2019 年 3 月 25 日在广东省吴木琴名园长工作室成员学员跟岗培训活动中，我做了题为"精细化管理打造精品幼儿园"的专题讲座，受到一致好评；论文《创新开展幼儿园美术活动的策略》参加茂名市 2020 年度学前教育优秀论文评选，获特等奖，论文《基于幼儿想象力，提升幼儿美术个性化创作能力》在信宜市 2020 年优秀教学论文评比活动中，荣获学前教育科一等奖，论文《创新开展幼儿园美术活动的策略》参加信宜市 2020 年学前教育优秀论文评选，荣获一等奖，论文《幼儿园美术活动的现状分析与创新思考》荣获 2020 年广东教育学会学前教育专业委员会年会论文评比一等奖；2020 年 6 月，我与彭海眉老师的《糖果纸大变身》微课受到一致好评，并获得茂名市教育局优秀微课奖；2018 年，我荣获了信宜市教育系统 2018 年优秀校长称号；2020 年 3 月，我获得了信宜市三八红旗手荣誉称号。这些荣誉的获得都离不开工作室对我的精心栽培，我打心底里非常庆幸自己可以在这么优秀的团体中学习、成长。

**三、幼儿园得到发展**

名师工作室为我们的创新提供了良好的机会，提供了宽广的资源平台。在名师工作室的引领下，我们增长了前进的动力，从更大程度上激发了自己的潜力。我学以致用，在 2018 年 12 月，我们信宜市幼儿园课题组向广东省教育科学规划领导小组办公室申报课题研究——"幼儿美术教育创新性实践研究"，现已被批准为广东省教育科研"十三五"规划 2019 年度教育科研一般项目，课题使我们幼儿园的环境得到改变，老师也得到提升，科研得到质的飞跃。在参加工作室期间，我带领的教师团队获多项荣誉，好评不断。在 2019 年 5 月和 2020 年 5 月，甘倩伟、潘思攸、邓裕颜、凌梅、陆海旋、刘冯绣、陆瑶霞、何秀莲老师荣获信宜市中小学生（幼儿）书法、绘画优秀指导教师称号；2020 年 4 月，成雪萍副园长、陈颂媚老师获茂名市中小学（幼儿）消防主题绘画优秀指导老师称号；2020 年 7 月，沈之婷和潘思攸老师被评为信宜市教育系统 2020 年度优秀共产党员；2020 年 8 月，刘林群、邱岑老师被评为信宜市线上教育教学先进教师；2020 年 10 月，成雪萍副园长被评为"学习强国"学习平台优秀管理员；2020 年 12 月，邱岑、刘林群、张雪、吴健敏、吴东梅、陆旭、李翔、何秀红、陈容、沈之婷获"美好生活，劳动创造"广东青少年主题书画活动优秀指导老师称号，邱岑老师在第二届广东省中小学青年教师教学能力大赛茂名市初赛（学前教育组）中荣获一等奖。在课例方面，2019 年 11 月，成雪萍副园长的课例《好饿的毛毛虫》受到一致好评，陈颂媚老师的课例《好饿的毛毛虫》获信宜市教育局二等奖；2020 年 6 月，梁珈瑜老师的《小小伞儿撑起来》等课例获广东省吴木琴名园长工作室一等奖；2020 年 8 月，陈容老师的《神奇的松果》等课例获广东省教育学会中小学信息技术教育专业委员会二等奖，邱岑老师的《表情念想餐厅》获信宜市教育局一等奖。

在参加的各种活动当中，我学到了很多教育教学理论，并开阔了视野。暑期骨干教师的培训让我在理论层面得到了提高，更近一步地接触了先进的教育教学理念，为以后的发展奠定了基础。

合格的园长不仅需要良好的教学管理理念，还需要进行高水平的教育和研究。作为管理人员，我始终记得教育家苏霍姆林斯基的话："请记住，您不仅是该学科的老师，还是个教育者、生活导师和道德指南。"以后在工作上，我将继续通过积极研究各种教育理论来充实自己，以便可以用扎实的理论作为指导来更好地进行教育。同时我会积极追求继续教育，重视工作室给予的外部学习机会，并利用业余时间认真学习计算机知识，学习多媒体技术，以便进一步为教育服务，奉献自己的微薄力量。